POURQUOI LE CHAT AIME-T-IL BOIRE AU ROBINET ?

Directeur éditorial : Stéphane Chabenat

Éditrice : Zoé Laboret

Conception graphique et mise en pages : Florence Cailly

Correction : Juliette Négrel

Illustrations : Chris Pavone

Conception couverture : olo.éditions

Les Éditions de l'**Opportun**
16, rue Dupetit-Thouars
75003 Paris
www.editionsopportun.com

Chris Pavone

POURQUOI LE CHAT AIME-T-IL BOIRE AU ROBINET ?

Avant-propos

Bizarres, merveilleuses, inimaginables, attendrissantes ou effrayantes… la faune qui peuple notre planète regorge de curiosités qui font naître en nous toutes sortes d'émotions lorsqu'on les découvre !

Tout ce qui appartient normalement aux mondes imaginaires ou à la science-fiction, finit un jour par se retrouver bel et bien réel chez un animal unique aux capacités sidérantes. Pas seulement voler dans les airs, courir sur l'eau ou changer de forme et de couleur à volonté, mais aussi vivre des siècles, fusionner avec un congénère, manipuler l'esprit d'un autre animal, ou survivre dans la lave, le pétrole ou le vide spatial !

Apprenez comment certains trompent leur écosystème avec une ingéniosité inouïe, quelles techniques de séduction terriblement rusées d'autres ont développé, quels secrets étonnants se cachent derrière les comportements de certains animaux familiers que nous croyons pourtant bien connaître, ou quels records inimaginables accomplissent les plus petits et les plus gros êtres vivants du globe.

Découvrez grâce à ce livre qui fourmille de faits saisissants, l'intelligence, la sagesse, la ruse et l'humour qui se déploient dans le royaume des animaux de façon discrète ou spectaculaire, mais toujours fascinante !

Duel d'apnée

Si on vous demandait qui du paresseux ou du dauphin peut rester le plus longtemps sous l'eau, quelle serait votre réponse ?

Aussi incroyable que cela puisse paraître, c'est bien le **paresseux** qui reste en apnée le plus longtemps ! Près de 40 minutes, alors que le **dauphin** ne tient que... 15 minutes seulement ! Le **paresseux** n'est pas qu'un habitué des branches, il est aussi un excellent nageur. Dans l'eau, il ralentit son rythme cardiaque, lui permettant cette prouesse qui fait rougir le **dauphin**. Notons que le **paresseux**, réputé pour sa lenteur de déplacement, est aussi trois fois plus rapide dans l'eau que sur terre !

GPS à bulles !

Le **desman** des Pyrénées, un petit mammifère trapu et rebondi de 50 à 60 grammes vivant dans les Pyrénées et le nord de l'Espagne, est capable d'une chose particulièrement épatante : bien qu'il soit quasiment aveugle, il peut malgré tout nager avec une grande précision ! Comment accomplit-il cet exploit sans y voir ? Il émet de manière continue de petites bulles, tout au long de son déplacement dans l'eau et, grâce à cette technique de localisation proche de l'écholocalisation[1], il se repère et avance !

1. L'écholocalisation consiste à émettre des sons, et à se repérer grâce à l'interprétation des échos produits sur les objets environnants.

L'illusionniste des mers

Reine de l'illusion et du camouflage, ce fascinant céphalopode aux pupilles en forme de W qu'est la **seiche**, est capable d'hypnotiser certains poissons en changeant la couleur de sa peau plusieurs fois d'affilée et de façon ondulatoire[2]. Cela capte le regard de sa proie, qui ressent un sentiment de bien-être dû aux ondulations hypnotiques et, l'animal médusé, se croyant en sécurité, se fait subitement frapper par un tentacule[3] !

La **seiche** n'utilise pas son pouvoir d'illusionniste uniquement pour chasser ou se cacher rapidement d'un prédateur, les mâles ont aussi l'habitude de se déguiser... en femelle ! Le but est de pouvoir se faufiler au milieu des éventuelles partenaires sans que les autres mâles déjà présents ne les repèrent et ne les chassent. Certaines poussent même le jeu jusqu'à se travestir en se déguisant du côté droit en femelle, pour tromper un mâle situé à droite, et ainsi pouvoir

---

2. Les scientifiques ne savent pas encore vraiment si les seiches font des rêves comme nous, mais ce qui est sûr, c'est qu'elles changent de couleur plusieurs fois pendant qu'elles dorment !
3. La seiche possède huit bras disposés sur le pourtour de son bec et deux tentacules. La seiche flamboyante est la seule espèce de seiche capable de « marcher » sur le plancher océanique. Elle déambule grâce à deux de ses bras.

faire son numéro de parade avec ses rayures de séduction mâles du côté gauche, pour séduire une femelle située à gauche !

Les butineuses pompettes

Lorsque le nectar fermente à cause de la chaleur estivale, les abeilles se retrouvent complètement ivres !

Elles n'arrivent alors plus à retrouver leur chemin, et se cognent même aux arbres ! Et si par chance elles arrivent à la ruche, les **abeilles** « sobres » les empêchent d'entrer ! Les **abeilles** qui ont un « coup dans le nez » se retrouvent chassées de la piste d'atterrissage, et même attaquées. La raison est une question de survie : si leur nectar fermenté était transformé en miel[4], cela finirait par paralyser toute la colonie !

4. Sidérant ! Pour un seul kilo de miel, il faut 6 000 abeilles (et 6 millions de fleurs), deux semaines ininterrompues de butinage et 150 000 km de vol (ce qui représente quatre fois le tour de la Terre). Pour une seule cuillère à café de miel, il faut la vie consacrée au travail de 12 abeilles !

LE SAVIEZ-VOUS ?

La **seiche** commence à observer et analyser ce qui l'entoure alors qu'elle est encore dans son œuf ! C'est le premier animal connu au monde à faire cela.

Des scientifiques français ont même montré que la **seiche** préfèrera chasser des proies qu'elle a pu observer avant son éclosion.

Poules aux yeux d'or

Imaginiez-vous que les **poules** de votre jardin possèdent un super pouvoir visuel ?

Leurs yeux leur permettent non seulement un confortable champ de vision de 300°, mais possèdent aussi un quatrième cône (les trois premiers leur permettant de voir le monde en couleur comme nous) grâce auquel elles perçoivent les ultra-violets. Pourquoi est-ce un avantage pour elles ? Pour se nourrir, elles peuvent discerner tout ce qui renvoie les UV, comme les scarabées, les baies ou les graines, et en tant que mère elles peuvent discerner lesquels de leurs poussins sont en bonne santé – les bien portants possèdent en effet un plumage renvoyant les UV.

De plus, saviez-vous que la **poule** se sert de ses deux yeux de façon totalement indépendante ? Un peu avant sa sortie de l'œuf, le poussin se tourne dans sa coquille pour positionner son œil droit vers la partie éclairée de cette dernière afin de capter la lumière qui la traverse, tandis que l'autre œil reste dans la pénombre. Une fois le poussin sorti de l'œuf, chacun de ses yeux a une fonction propre : le gauche détecte le danger et ce qui se passe au loin (c'est pourquoi si un oiseau s'approche dans le ciel, la **poule** tourne la tête pour regarder avec son œil gauche) et le droit s'occupe de détecter ce qui se passe sous son bec pour repérer la nourriture.

Saviez-vous que la **poule** possède également un répertoire de 24 cris différents, et qu'elle s'en sert pour prévenir les autres d'une attaque venant du ciel ou du sol ? Le **coq**, lui, ne pousse pas des « cocorico » anodins non plus ; si une femelle n'a pas vu un danger venu du ciel, il lui lancera un cri spécifique lui servant d'avertissement. Et si lui-même est à couvert dans un buisson, mais qu'il voit les autres mâles exposés, il leur lancera encore un autre caquetage adapté à la situation.

Ventre à terre !

Pourquoi le **chat** a-t-il la peau du ventre qui pendouille ?

En réalité, cette particularité se retrouve chez tous les félins. Cette « poche » (appelée poche ventrale ou primordiale) qui se balance sous son ventre lorsqu'il marche, possède plusieurs utilités inattendues : déjà, elle lui assure la possibilité de se tordre dans tous les sens avec une grande amplitude au niveau du ventre ; c'est également l'assurance qu'il pourra se goinfrer autant que nécessaire en étant sûr que sa poche s'ajustera sur mesure ! Mais le meilleur avantage de ce morceau de peau et de gras bien placé, c'est qu'il protège le félin des attaques au ventre et garantit la préservation de ses organes vitaux. En effet, le **chat** et les autres félins ne possèdent pas d'os protecteurs sur cette partie de leur corps.

◆

Le plus petit des grands chasseurs

Un minuscule cerveau capable des calculs de chasse les plus pointus, c'est celui du **fourmillon**, un petit insecte rappelant un peu une libellule, dont la larve chasse les fourmis avec une précision de géomètre : elle creuse des petits cratères en forme de cônes inversés, afin de faire tomber ses proies dedans. Une fourmi se sortirait de n'importe quel trou mais le **fourmillon** creuse ses cratères avec une pente parfaitement inclinée pour que cette dernière ne puisse pas la remonter. Il choisit également l'endroit où le sable sera le plus fin pour qu'elle dégringole encore plus facilement ! Si malgré tout elle tente encore d'escalader la paroi, il lui jettera du sable dessus pour la faire retomber. Caché au fond du cratère, le **fourmillon** n'a plus qu'à dévorer sa victime, prise au piège.

Le nageur des sables

Plonger, nager... Est-ce le privilège des animaux marins ?

En plein désert du Sahara, on trouve un véritable nageur, sans eau ! ***Scincus scincus*** est une espèce de lézard nommé le « poisson des sables », car il nage littéralement à travers le sable. Il commence par plonger, grâce à une sorte de crawl, puis une fois submergé, il se déplace au travers de cette mer granuleuse à la vitesse d'une longueur de corps par seconde, ce qui est plus rapide qu'un nageur olympique dans l'eau !

Ce **lézard** est même capable de respirer sous cet océan de particules solides, en respirant les toutes petites poches d'air entre les grains de sable. Ses voies respiratoires sont faites pour capter les particules aspirées, qu'il recrache ensuite en éternuant. Son nez affuté lui permet de fendre le sable facilement, et ses paupières transparentes lui permettent de voir tout en étant protégé. De plus, grâce à ses écailles recouvertes de minuscules coches rappelant des dents, sa peau est plus glissante que le Teflon !

Le ninja des mers

L'étonnant petit **poisson-grenouille** des sargasses (qui est cannibale) est capable de toutes les prouesses : il peut changer sa couleur et, pour se défendre, se gonfler comme le poisson-globe. Il est aussi capable de saisir des objets et de grimper aux algues avec ses nageoires préhensibles ! Il sait échapper à ses prédateurs en se propulsant hors de l'eau où il peut survivre quelques heures et peut ouvrir sa bouche jusqu'à trois fois sa taille pour avaler des proies plus grosses que lui !

Ventriloque en mousse

La **grenouille moussue** du Vietnam se camoufle sur les mousses des rochers grâce à sa peau qui y ressemble parfaitement. Mais chose encore plus saisissante, comme un véritable ventriloque elle peut « lancer » sa voix et donner l'impression que son appel vient de 3 m plus loin que sa position !

On ne parle pas la bouche pleine !

Une autre forme de ventriloquie amusante se trouve chez les **rhinopithèques**, de petits singes vivants dans les forêts du sud de la Chine qui sont capables de crier sans ouvrir la bouche ! Étant très sociables et communiquant régulièrement, cette technique leur permet de lancer des cris tout en mangeant ! Les mâles communiquent d'ailleurs aussi en rotant.

Mortel, ce jeu d'acteur !

La thanatose est le comportement défensif de certains animaux qui se raidissent pour simuler leur mort. Le cas le plus connu est celui de l'**opossum**, qui, lorsqu'il se sent en danger extrême, semble mourir sur place, comme foudroyé par une crise cardiaque ! Il tombe sur son flanc dans un état proche du coma, la gueule ouverte. En plus de faire le mort, il libère des sécrétions anales très nauséabondes pour faire croire à sa décomposition !

De la même manière, pour échapper à ses prédateurs, la **couleuvre à collier** use de son jeu d'actrice le plus performant en se faisant passer pour morte ! Elle se tourne sur le dos, ouvre grand sa bouche et laisse pendre sa langue. Elle peaufine le rôle en émettant elle aussi une odeur de putréfaction.

La **libellule** femelle sait aussi user de ce stratagème pour échapper, non pas à un prédateur, mais à un prétendant ! En effet, sa parade pour s'éviter les assauts d'un mâle trop insistant est de mimer... sa propre mort ! Elle se laisse tomber au sol, et reste complètement immobile jusqu'à que le soupirant soit parti.

Le **topi**, une des espèces d'antilopes les plus rapides d'Afrique, use, lui, de tromperie pour garder à ses côtés une femelle fertile qui tente de s'en aller : avec roublardise, il simule un cri d'alarme faisant croire qu'un prédateur se cache à proximité ou dans la direction que l'antilope est train de prendre ; cela pousse la femelle apeurée à rester près de lui, et permet au mâle d'arriver à ses fins.

Certains **paons** mâles, eux, poussent des cris factices d'accouplement, pour faire croire aux femelles qui les entendent qu'ils sont plus actifs sexuellement que les autres. Et ce simulacre fonctionne ! Les femelles sont souvent plus attirées par ces mâles-là.

◆

En mode vibreur

Non seulement la parade nuptiale du **paon** est l'une des plus belles du règne animal, mais elle renferme un secret qui vient d'être découvert récemment : le mâle fait vibrer sa femelle à distance ! Comment cela ? Lorsqu'il fait la roue, il fait vibrer ses plumes en les secouant près de 25 fois par seconde, produisant alors une onde qui se propage jusque sur la crête de la femelle, la faisant vibrer elle aussi ! Cette crête est constituée de « filoplumes », de toutes petites plumes qui servent de capteurs extrêmement sensibles, qui font vibrer madame et monsieur Paon sur la même fréquence.

Le colosse qui marche sur des œufs

L'**éléphant** est le seul mammifère avec l'Homme à avoir un menton. Il est aussi le seul mammifère qui ne peut pas sauter.

Il a d'ailleurs toujours au moins deux pieds en contact avec le sol lorsqu'il marche et, chose très amusante à observer lorsqu'il se déplace rapidement, il ne le fait ni en marchant, ni en courant, mais les deux à la fois ! En effet, ses pattes arrière marchent, tandis que celles de devant trottent !

De plus, il possède ce que les scientifiques du Royal Veterinary College appellent « quatre pattes motrices » : plutôt que de se servir, comme les autres quadrupèdes, de ses pattes arrière pour se propulser et de celle de devant pour freiner, l'**éléphant** utilise la puissance de ses quatre pattes indépendamment. Un peu comme les roues d'un 4X4, il utilise ses membres inférieurs et postérieurs à la fois pour accélérer et freiner.

Notons également qu'on ne le remarque pas à l'œil nu mais il marche sur la pointe des pieds ! En effet, son talon repose sur un épais coussin cellulo-graisseux élastique, ce qui donne l'impression qu'il a le pied plat. Il agit comme un amortisseur et évite que le squelette ne soit trop violenté lorsque l'éléphant marche. De plus, cette particularité le rend extrêmement silencieux durant ses déplacements malgré sa taille énorme !

Cette coupe montre la réalité des choses : un pied d'**éléphant**, à gauche, assez ressemblant au nôtre, à droite.

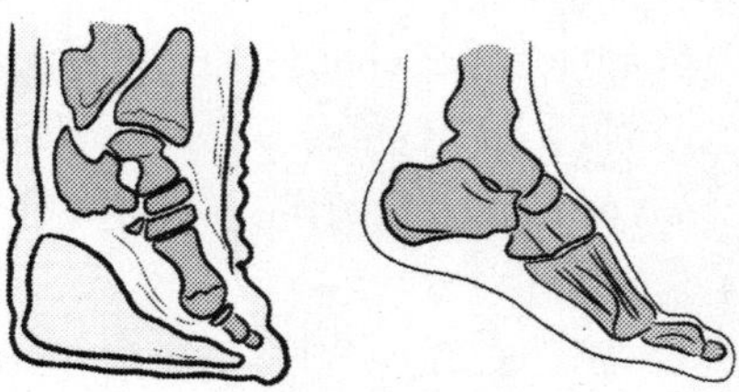

100 000 muscles !

C'est ce que contient la trompe de l'**éléphant** ! Et cet organe de 100 kg lui sert de nez et de main à la fois !

Il peut, avec elle : manipuler de minuscules objets ou accomplir des tâches délicates (comme attraper un fruit en hauteur et le décortiquer, ou se frotter doucement un œil) ; arracher d'énormes branches d'arbres et déplacer des charges de 300 kg ; mener à sa bouche jusqu'à 5 litres d'eau en une seule fois (contrairement à ce qu'on croit parfois, l'**éléphant** ne boit pas avec sa

trompe. Il aspire juste l'eau avec elle et la projette ensuite dans sa bouche) ; se doucher (ou plutôt se verser sur le corps de la boue pour se protéger du soleil et des insectes) ; se battre, et même tuer ; câliner (il l'entrelace avec celle d'un congénère en signe d'affection) ; saluer (en touchant les dents de la mâchoire inférieure d'un autre) ; humer (il prévient une menace en la levant en l'air pour sentir toutes odeurs indicatrices de danger) ; l'utiliser comme tuba (pour traverser des rivières ou des lacs profonds) !

Privé de sa trompe (si elle est mordue ou arrachée par un crocodile par exemple), l'**éléphant** meurt.

LE SAVIEZ-VOUS ?

Le fait que l'**éléphant** ait peur des souris car elles pourraient s'insinuer dans sa trompe est un mythe ! Par contre, il est vrai que les petits animaux qui s'agitent autour de lui peuvent le déstabiliser, car il n'y voit pas bien. C'est d'ailleurs pour cela qu'au Kenya, les fermiers protègent leurs terrains des **éléphants** qui les piétinent, avec un système particulier : des ruches placées tout autour sont reliées par un câble ; dès que l'**éléphant** le touche, il libère les abeilles (qui l'effraient) et il fuit en jetant de la poussière en l'air avec sa trompe autour de lui !

Fourmilitaires !

Chez les **fourmis**, on peut assister à des guerres enragées !

Au début de l'été, les **fourmis des trottoirs** (*Tetramorium caespitum*) conquièrent de nouveaux territoires en attaquant des colonies rivales. On assiste alors à d'énormes batailles où différentes techniques de combat redoutables sont utilisées, et qui laisseront des milliers de **fourmis** mortes.

Une des techniques utilisée par les **fourmis** pour se battre contre leurs rivales est de se mettre à trois contre une : trois soldates attrapent une ennemie et l'immobilisent, jusqu'à ce qu'une guerrière arrive et la coupe en deux !

La **fourmi explosive** (*Colobopsis explodens*), elle, comme son nom l'indique, est capable « d'exploser » et de se sacrifier pour protéger la colonie ! Elle s'agrippe à un ennemi et fait éclater son abdomen pour libérer une substance collante toxique qui tue ses adversaires !

Certaines **fourmis**, comme les **fourmis rousses des bois** (*Formica rufa*) possèdent une glande à poison pouvant projeter au loin un acide formique. Certaines espèces peuvent même envoyer ce jet d'acide jusqu'à 1 mètre ! Proportionnellement, si un humain avait une telle glande et les mêmes capacités, il enverrait un jet à 1 km !

Lors des guerres entre **fourmis matabele**, ces dernières sauvent régulièrement leurs camarades blessées et les ramènent au nid. Les **fourmis** blessées peuvent « demander » de l'aide en lâchant une phéromone, ce qui pousse d'autres **fourmis** à les ramasser et à les transporter !

Les **fourmis infirmières** passent plusieurs minutes à lécher les blessures de leurs camarades tombées au combat. Au total, 90 % des **fourmis** soignées survivent à leurs blessures.

Les **fourmis *Formica archboldi*** collectionnent et décorent leurs nids avec les têtes de leurs victimes !

Comme elles ont la même odeur que leurs proies, cela leur permet de se faufiler entre elles *incognito*, pour ensuite les décapiter, et ramener les têtes à la fourmilière !

LE SAVIEZ-VOUS ?

La **fourmi** possède deux estomacs dans l'abdomen, un pour sa propre digestion et un autre appelé « estomac social » qui lui permet de pratiquer la trophallaxie : régurgiter de la nourriture pour la donner directement de bouche à bouche à une congénère.

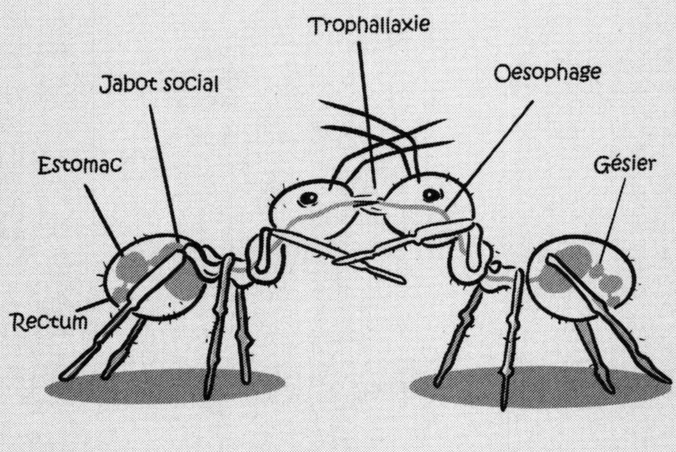

LE SAVIEZ-VOUS ?

Qu'une **fourmi** tombe d'1 cm (10 fois sa taille en hauteur) ou du haut de la tour Eiffel (300 000 fois), elle ne mourra jamais ni ne se fera le moindre mal !

Sa masse étant très faible, la résistance de l'air lui fait vite atteindre une vitesse maximale, et l'impact au sol est donc toujours le même !

Rien n'arrête les fourmis travailleuses !

Elles savent former d'incroyables passerelles avec leurs corps afin de permettre à leurs congénères de progresser de branche en branche !

Et si elles doivent traverser des étendues d'eau, elles construisent des « radeaux » insolites mais ingénieux avec leur propres membres : elles placent leurs larves (qui sont plus grasses) en périphérie pour servir de « flotteurs », puis elles-mêmes constituent l'embarcation au centre de laquelle trône la reine !

La **fourmi pot-de-miel** est un travailleur spécialisé qui se gorge de miellat jusqu'à avoir le ventre complètement étiré et tendu donnant l'impression qu'il va exploser. Il sert alors littéralement de « réservoir vivant » pour les autres **fourmis** !

Dévorer des yeux !

Vous doutiez-vous que la **grenouille** mange avec ses yeux ?

Après avoir gobé une proie, elle cligne fortement des yeux pour que ses gros globes oculaires poussent la nourriture pour la faire aller vers son estomac ! De plus, comme elle n'a pas de dents et ne peut pas mâcher, tout ce qu'elle attrape avec sa langue est avalé en entier !

Des petits trous, encore des petits trous…

Le bien nommé **pic glandivore** est un grand travailleur. Cet oiseau passe son temps à transformer les troncs d'arbres en greniers à provisions. Il dépose un gland dans chaque trou creusé avec son bec, pouvant aller jusqu'à 50 000 trous par arbre !

Le **pic épeiche,** lui, frappe son bec comme un forcené sur les troncs environ 12 000 fois par jour à environ 7 mètres par seconde ! Mais comment supporte-t-il de tels chocs ? Déjà, son cerveau est léger et bien « emballé » dans la boîte crânienne, ce qui l'empêche d'être balloté. Ensuite, son bec possède deux parties de différentes longueurs, celle du bas étant plus longue, et c'est elle qui absorbe les chocs et les répercute vers un os hyoïde englobant l'ensemble de son crâne comme un casque (le crâne étant fait de plusieurs petits os spongieux qui amortissent les coups).

Chez le **pic vert**, c'est carrément le muscle de sa langue rétractile qui s'enroule autour du cerveau, ajoutant une protection. Pour que ses yeux ne sortent pas de leur orbite, une troisième paupière se rigidifie une milliseconde avant le choc !

Bagarre de rue...

Lorsque les **pics glandivores** se battent pour revendiquer un territoire, les autres **pics** se rassemblent pour assister au combat ! C'est ce qu'a démontré l'université Old Dominion, aux USA. Postés sur des branches comme sur des gradins, les **pics** spectateurs observent comment va se régler le litige en cours : lorsqu'un groupe de **pics** a stocké énormément de glands dans le tronc d'un arbre mort, appelé grenier, les **pics** d'un autre territoire peuvent surgir er revendiquer le tronc ! Le combat règle le différent, et celui qui gagne garde le tronc pour son groupe !

Passe-moi la caisse à outils !

En 2015, des scientifiques japonais ont fait entrer la **loutre de mer** dans le club très restreint des « animaux capables de manier un outil » (concept longtemps considéré comme propre à l'humain) : sa mâchoire n'étant pas assez solide, elle utilise des galets pour ouvrir la coquille des mollusques, ou encore elle les cogne contre un rocher ou une autre pierre posée sur son ventre !

Mais les **vautours** d'Afrique ou encore les **aigles** d'Australie, n'ont rien à envier aux **loutres**. Eux aussi savent très bien casser de gros œufs en jetant sur la coquille une pierre tenue dans leur bec !

L'**ours brun,** lui, comme il aime être propre, utilise également des pierres mais pour sa toilette ! Couvertes de berniques (des petits mollusques), il s'en sert comme d'un « peigne » afin de retirer la graisse de poisson décomposée sur sa fourrure ! La science compare l'intelligence de l'**ours brun** à celle d'un humain de 3 ans.

L'**orang-outan** utilise pour sa part des feuilles comme des gants afin de ne pas se piquer avec certains fruits à épines, ou encore des petits bâtons pour attraper les termites dans les trous des arbres pour sa collation. Il utilisera même un bâton plus grand, une longue branche, pour sonder la profondeur de l'eau lorsqu'il doit traverser une rivière !

L'**éléphant** aussi utilise les bâtons, mais pour sa gratter le dos, ou encore pour nettoyer des zones inaccessibles de son corps avec sa trompe.

Médico-génial

Les **orangs-outans** savent mélanger des feuilles anti-inflammatoires (feuilles de *Dracaena cantleyi*) avec leur salive, et appliquer la mixture sur des parties de leur corps pour chasser les ectoparasites, et soigner leurs maladies de peau !

Des **chimpanzés** qui n'arrivaient pas à atteindre de l'eau dans les creux des arbres, ont été observés trouvant une solution étonnante ! Ils ont pris des feuilles, les ont mâchées, puis les ont utilisées comme une éponge pour aspirer l'eau dans le tronc d'arbre !

D'autres **chimpanzés**, en République démocratique du Congo, ont été observés déterrant des tubercules gorgés d'eau pour les transporter avec eux pour qu'ils leur servent de gourde.

Les **macaques** aiment utiliser les cheveux humains comme fil dentaire !

La **pieuvre noix de coco** (*Amphioctopus marginatus*), utilise des moitiés de noix de coco trouvées au fond de l'eau pour s'en faire une carapace de protection, tout en gardant un petit endroit ouvert pour surveiller l'extérieur. De plus, elle se déplace avec ! Elle les porte avec deux de ses bras, puis marche sur quelques dizaines de mètres sur deux autres de ses bras[5] !

Les **grands perroquets vaza** savent utiliser des noyaux de dattes comme pilons, pour réduire en poudre des coquillages et les absorber. Ces « compléments alimentaires » en poudre leur apportent du calcium pour leurs futurs œufs. Ils font cela au printemps, juste avant la période de reproduction.

◆

5. On différencie les tentacules des bras. Le poulpe possède 8 bras mais pas de tentacules. Alors que le calmar ou la seiche possèdent eux aussi des bras mais auxquels s'ajoutent deux longs tentacules. Un bras est couvert de rangées de ventouses sur toute la longueur, alors qu'un tentacule ne possède des ventouses que sur l'extrémité.

Outil multifonction !

Le bec peut servir pour le toilettage[6], au combat (comme chez le **colibri** qui se sert de son long bec comme d'une véritable épée), pour la parade nuptiale, l'alimentation des petits, la construction de nids, la manipulation d'objets, et même la régulation de leur température, comme avec le superbe bec[7] du **toucan toco** qui est pour lui une véritable « clim » : il est très vascularisé et, quand le sang passe à l'intérieur, les vaisseaux s'y dilatent pour irradier la chaleur. Le sang ainsi rafraîchi refroidit alors le reste du corps de l'oiseau.

6. Selon Pline l'Ancien, les anciens Égyptiens croyaient que le dieu à tête d'ibis Thot avait inventé le lavement : ils ont observé comment l'ibis enfouit souvent son bec dans ses plumes du dos, et ont décidé de l'imiter en envoyant de l'eau dans leur colon.
7. Bien que volumineux, représentant presque un tiers de leur corps, le bec des toucans est en réalité très léger. Il est composé de kératine, comme nos ongles. Très coloré à l'extérieur, il l'est également à l'intérieur !

Le **bec-croisé des sapins** est un oiseau qui, comme son nom l'indique, a un bec très original dont les deux mandibules se croisent. Cela lui permet, à lui qui vit dans des forêts de conifères, une extraction plus facile des graines.

LE SAVIEZ-VOUS ?

Le **pélican à lunettes** possède le plus grand bec d'oiseau connu, avec une longueur record de 50 cm !

Le **colibri porte-épée** (Amérique du Sud) est le seul oiseau au monde à avoir un bec plus long que son corps.

L'orientation « à la Viking »

Bien qu'elles doivent apprendre, au cours de leurs premiers vols, à connaître la course du soleil dans le ciel en fonction de l'endroit où elles naissent, toutes les **abeilles** possèdent naturellement la faculté de s'orienter grâce au soleil[8]. Mais lorsque le soleil est caché par les nuages, comment font-elles ? Elles naviguent grâce à la lumière polarisée (l'ondulation de la lumière) qu'elles captent avec des photorécepteurs placés sur la partie dorsale de leurs yeux. Ainsi, en orientant leur tête vers la polarisation de la lumière, la direction des ondes traversant l'atmosphère et émanant d'un coin de ciel bleu, elles peuvent déduire la position du soleil derrière les nuages ! On appelle cela « l'orientation à la Viking », car certaines théories avancent que les Vikings auraient su se guider lorsque le ciel était couvert grâce à des « pierres de soleil », des pierres de calcite qui agissent comme un filtre Polaroid, leur permettant ainsi de garder le bon cap !

8. Des expériences menées à Séville en 2017 ont montré que, bien que les fourmis se repèrent grâce à des phéromones qu'elles laissent sur leur chemin comme le Petit Poucet elles ont aussi une excellente mémoire de l'environnement terrestre dans lequel elles évoluent. Lorsqu'il n'y a pas ses deux moyens à leur disposition, elles utilisent elles aussi le soleil dans le ciel pour se guider. Lorsque les chercheurs inversent le reflet du soleil grâce à un miroir, les fourmis se perdent. Chez les mammifères, le seul animal connu pour voir la lumière polarisée et qui l'utilise pour s'orienter est la chauve-souris.

Mon gros bébé

Imaginez que votre bébé naisse plus gros que vous, puis en devenant adulte, finisse plus petit que vous !

C'est ce qu'il se passe avec le têtard de la bien nommée **grenouille paradoxale**, qui est plus gros que la grenouille elle-même ! Cette énorme larve peut atteindre 25 cm de long, alors qu'une fois adulte, il ne mesure plus que 4 à 7 cm !

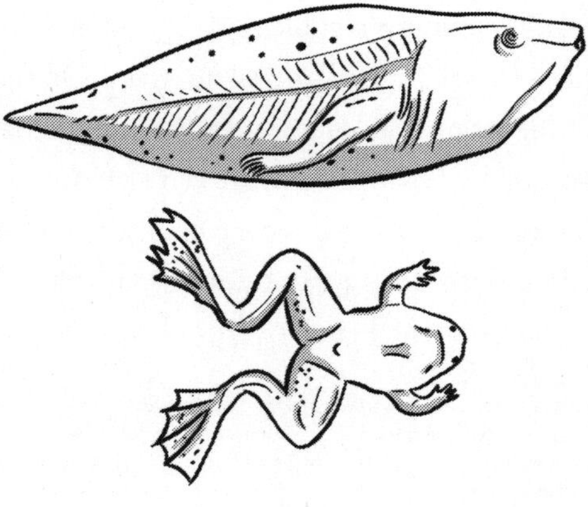

Les **grenouilles Goliath** (*Conraua goliath*) sont non seulement les grenouilles les plus grandes du monde, (elles peuvent mesurer jusqu'à 30 cm pour 3 kg, soit le poids d'un nouveau-né humain), mais sont aussi très fortes ! Elles sont capables de déplacer des roches pesant jusqu'à 2 kg, afin de créer des étangs pour leur progéniture !

Une autre grenouille n'est pas loin derrière en termes de record de taille, c'est la **grenouille poulet de montagne** ou **grenouille de Montserrat**, dans les Caraïbes, qui mesure 20 cm et pèse plus d'1 kg ! Mais si elle s'appelle ainsi, ce n'est pas parce qu'elle est grosse comme un poulet, c'est parce qu'elle en a... le goût. Elle fut d'ailleurs tellement chassée pour être consommée, qu'elle faillit disparaître !

À l'envers

Le **flamant rose** mange la tête à l'envers, soit, mais encore plus étonnant, son bec est inversé !

La mandibule inférieure est plus grosse que celle du haut et, aussi surprenant que cela puisse paraître, c'est bien celle du haut qui bouge quand il mange !

Un **flamant rose** peut rester debout, sur une patte... même mort.

En effet, il tient de façon mécanique et non musculaire, et ce que l'on prend pour ses genoux sont en réalité ses chevilles ; il est donc accroupi en permanence, en équilibre sur son centre de gravité.

LE SAVIEZ-VOUS ?

Le **flamant rose** est en réalité tout blanc à la naissance ; il devient rose à cause des caroténoïdes présents dans les algues et crevettes qu'il mange[9] ; il retient son souffle lorsqu'il mange ; il peut voler à 60 km/h sur 500 km ; il passe un quart de sa journée à nettoyer ses plumes ; bébé, il n'a pas le bec incurvé ; il vit jusqu'à 30 ans, et en colonie pouvant aller jusqu'au million d'individus ; il produit un œuf par an ; les bébés naissent dans des nids de boue ; il possède des plumes noires qui ne sont visibles qu'en vol.

9. Une étude de 2011 montre que les flamands roses accentuent leur couleur en appliquant eux-mêmes sur leurs plumes une huile qui vient de leur glande uropygienne, près de leur queue, et qui produit une sécrétion elle aussi riche de caroténoïdes. L'étude indique qu'ils s'appliquent cette huile plusieurs fois par jours, et encore plus lors de la saison des amours, car les individus les plus colorés ont plus de succès.

Cartoonesque !

Tel un personnage de dessin animé, lorsque le mâle **nasique** est en colère, son nez devient tout rouge ! De plus, ce nez pendouillant est un véritable atout de séduction ! Plus il est gros et mou, plus les femelles (qui elles, l'ont retroussé) sont attirées !

Le **crapaud à moustache,** lui, a la particularité de faire pousser une « moustache » d'épines sur sa lèvre supérieure, et cela, uniquement pendant la saison des amours ! Il semble que ce ne soit pas seulement par séduction, mais pour mieux combattre ses rivaux avec.

Le tigre a deux taches blanches sur les oreilles

Mais pourquoi ? On pensait que les petits suivaient leur mère dans les hautes herbes grâce à sa tache sur les oreilles, mais il semble plutôt qu'elles agissent comme de « faux yeux » pour décourager des prédateurs arrivant par l'arrière[10].

En effet, bien que le principal prédateur de cet animal impressionnant soit l'Homme[11], des meutes de **dholes** (*Cuon alpinus*), des chiens sauvages d'Inde, peuvent attaquer et tuer un tigre (et même un ours). Ils peuvent s'en prendre à d'autres **tigres**, notamment pour les femelles.

C'est d'ailleurs pour cela que les **tigres** sont extrêmement bien organisés au niveau de leurs territoires. Les **tigres** mâles ont chacun un territoire englobant deux ou trois territoires de **tigresses**, favorisant l'ac-

10. En 1990, les personnes travaillant dans les forêts d'Inde étaient régulièrement attaquées par les tigres par derrière (60 morts par an), jusqu'à ce qu'ils aient l'idée de porter un masque, représentant un visage humain, derrière la tête : les tigres n'attaquaient plus, se sentant plus observés…
11. En 2020, il ne reste que 4 000 tigres sauvages dans le monde ! Une chute de 95 % en 100 ans ! Il y en avait 100 000 il y a un siècle. Ce chiffre est cependant en légère hausse grâce à la création d'aires protégées et de patrouilles anti-braconnage.

couplement. Par contre, aucun territoire de mâles ne chevauche un autre territoire de mâles, et aucun territoire de femelles ne chevauche un autre territoire de femelles.

Par ailleurs, les rayures du **tigre** ne sont pas seulement des couleurs du pelage de l'animal, mais elles sont inscrites dans sa peau !

Paralysie totale

Le rugissement du **tigre** peut littéralement paralyser ses proies, y compris l'humain !

Des chercheurs bioacousticiens de Caroline du Nord ont découvert que le **tigre** (tout comme les éléphants ou les rhinocéros) produit des sons en dessous de 20 hertz (les humains peuvent entendre des fréquences de 20 hertz à 20 000 hertz), et ces infrasons (qui traversent les os) combinés au volume élevé de son rugissement seraient la cause de la paralysie. Si vous vous figez devant le prédateur en plein rugissement, vous saurez que ce n'est pas dû qu'à la peur !

La magnifique **panthère nébuleuse** est le félin actuel qui a les canines les plus longues « proportionnellement à sa taille » !

Elles peuvent atteindre 5 cm de long. Il est vrai que les **tigres** ont des crocs aussi longs, mais pour 300 kg ! Alors que la **panthère nébuleuse** ne pèse que… 20 kg !

La **panthère nébuleuse** doit son nom à sa robe rappelant des nuages. Les anglais l'appellent « léopard nuageux », les allemands « panthère de brouillard » et les chinois « léopard menthe » car les taches leur rappellent des feuilles de menthe.

LE SAVIEZ-VOUS ?

Le mélanisme (contrairement à l'albinisme) est un excès de production de mélanine, un pigment de couleur noire. Le cas le plus connu est celui de la **panthère noire**, qui n'est en réalité rien d'autre qu'un **léopard** atteint de mélanisme !

Le félin le plus meurtrier de la planète !

Le terrible prédateur qui détient ce record est en réalité un adorable chat, le **chat à pieds noirs**. Ce chat est un chasseur nocturne très actif qui a un taux de réussite de 60 % chaque nuit ! Il fait une tentative toutes les 30 minutes, et tue un petit animal toutes les 50 minutes ! Avec une quinzaine de petits mammifères chassés chaque nuit, le **chat à pieds noirs** absorbe environ 300 g de viande, soit 20 % de son propre poids. Cela est remarquable car il bat le tigre qui absorbe lui aussi le même pourcentage d'un coup, mais ne mangera plus durant plusieurs jours.

Bien que le **chat à pieds noirs** soit un chasseur hors pair et le félin le plus meurtrier du monde (devant le tigre ou encore le léopard), sa petite taille et ses 2 kg (c'est le plus petit félin d'Afrique) font qu'il se fait parfois lui-même manger par les hiboux et les serpents...

Funfacts polaires !

L'**ours polaire**, ou **ours blanc** (*Ursus maritimus*), est l'un des plus grands carnivores terrestres ; sous sa fourrure, sa peau est en réalité complètement noire comme celle d'une panthère ; il peut nager non-stop durant 10 jours sur 600 km[12] ; malgré son poids, il peut courir aussi vite qu'un homme (soit 40 km/h) ; à sa naissance, il ne pèse que 600 gr (autant qu'un cochon d'Inde) mais il pourra devenir un colosse de près d'une tonne (avec un record observé de 1 102 kg) pour 3 m de long ; et bien qu'il passe 50 % de sa vie à chasser et qu'il puisse, grâce à son odorat extrêmement développé, repérer un phoque à 1 kilomètre ou sous 1 mètre de neige compact, il ne réussit que 2 % de ses tentatives[13] !

◆

12. Cet exploit fut observé en 2009 suite au recul de la banquise (dû au réchauffement climatique) qui força les ours à parcourir de longues distances et à réaliser ces tristes records.
13. Bien que bon nageur, l'ours blanc ne chasse pas le phoque dans l'eau, mais il attend près des « points de respiration » que le phoque vienne reprendre son souffle sur la banquise.

Le renard roux repère une proie sous 5 mètres de neige !

On ne sait pas comment il s'y prend, mais son ouïe semble ne pas être sa seule aide. Il y aurait aussi en jeu le champ magnétique terrestre : en effet, on remarque que 73 % de ses attaques réussies sont en réalité dirigées vers le nord (constatation issue de longues heures d'observation de 600 sauts), ce qui laisse penser aux chercheurs que le **renard roux** utilise le champ magnétique terrestre pour s'aligner sur lui et bondir sur sa proie. Pourquoi et comment fait-il reste encore un mystère bien gardé par le rusé chasseur.

Il utilise le « mulotage », une technique de chasse consistant à bondir en l'air pour retomber exactement sur sa proie !

Système de communication très sophistiqué !

Pour avertir les autres membres du groupe qu'un prédateur arrive, **les chiens de prairie** ne se contentent pas de toujours répéter le même cri d'alarme, non, ils ont un cri spécifique à chaque prédateur, montrant ainsi aux autres quel animal est en train d'attaquer, et comment s'y adapter !

Les **singes titis à front noir** du Brésil sont eux aussi capables de donner un cri d'alarme, non seulement pour avertir les autres d'un danger, mais pour leur donner des informations sur la menace : si c'est un tigre ou un rapace, et même préciser si l'attaque arrive du sol ou d'un arbre ! De plus, cette distinction se fait grâce à des capacités syntaxiques ! Imaginez un cri spécifique que l'on appellera « A » pour l'expérience, et un autre que l'on nommera « B ». Et bien pour avertir qu'un ennemi arrive par le sol, les **singes** lancent une suite de cris « A », dans laquelle est inséré un cri « B ». Mais lorsqu'ils alertent d'une menace venant d'un arbre, la combinaison change est devient un seul cri « A » suivi de plusieurs cris « B », par exemple.

Les **suricates**, quand ils entendent l'alerte au prédateur, abandonnent leur repas et fuient ! Sans se douter que l'alarme a en fait été lancée par le **drongo**, cet oiseau imitateur qui reproduit le cri d'alerte des suricates pour s'approprier leur repas resté sur place...

◆

Parler du passé...

Si l'**orang-outang**[14] repère un prédateur, il peut décider d'attendre avant de communiquer cette information aux autres. Cette « simple » décision implique en réalité de grandes capacités cognitives, faisant de lui un animal pouvant « parler du passé ». En effet, alors qu'en général les animaux donnent l'alerte « sur le coup », répondant immédiatement à un stimulus de défense, l'**orang-outang**, en réfléchissant au meilleur moment de donner l'alerte, en attendant que le danger s'éloigne par exemple, et en utilisant sa mémoire à long terme (jusqu'à 20 minutes avant de décider de prévenir les autres) montre d'étonnantes capacités cognitives.

Les **orangs-outans** sauvages de Bornéo ont également l'habitude de pousser un cri spécifique pour faire fuir les prédateurs ou appeler à l'aide. Mais les jeunes **orangs-outans** font quelque chose de tout à fait singulier : ils placent une feuille devant leur bouche, puis poussent leur cri au travers de la feuille ! Pourquoi ? Les chercheurs de Bornéo ont constaté que

14. Le mot «orang-outan» vient du malais *orang* « homme » et *hūtan* « bois, forêt », et signifie donc littéralement « homme de la forêt » !

mettre une feuille devant la bouche rendait le son plus profond, en abaissant la fréquence sonore, ce qui les fait passer, aux oreilles des prédateurs, pour plus gros qu'ils ne sont en réalité !

Le **chimpanzé** possède une mémoire à court terme phénoménale : face à un écran où une série de chiffres de 1 à 9 apparaît dans le désordre « moins d'une seconde » puis disparaît cachée sous des carrés non numérotés mais à la même position, il est capable de pointer les carrés dans l'ordre croissant !

Le **tamarin à crête blanche** est un animal de Colombie qui est le premier primate à avoir été observé en train de chuchoter, comme le fait l'humain. Lorsqu'il est en danger, il baisse le volume de sa voix pour ne pas être repéré et murmure à ses congénères.

Fais monter la cacahuète !

L'intelligence des **orangs-outans** fut testée lors d'une expérience, entre autres, dite de la « cacahuète ». Des chercheurs allemands de l'institut Max-Planck de Leipzig ont placé dans de l'eau une longue éprouvette verticale possédant en son fond une cacahuète impossible à attraper avec les doigts. Devant ce test que découvraient pour la première fois 5 **orangs-outans**, il ne leur a fallu en moyenne que 9 minutes à peine pour comprendre qu'il leur suffisait de recracher de l'eau prise dans leur bouche dans l'éprouvette, pour faire monter la cacahuète et l'attraper[15] !

Le zoo de San Diego rapporte que les **orangs-outans** savent observer les humains et les imiter, comme lorsqu'ils ont été vus regarder des hommes traverser une rivière en barque, et qu'ils sont ensuite allés détacher la barque pour faire de même !

15. Les corbeaux eux aussi savent jeter des pierres dans des récipients d'eau pour faire monter le niveau de la surface et y boire ou attraper une friandise.

Sens de la justice

Le **corbeau**[16] sait collaborer avec ses congénères afin d'atteindre un but commun, mais attention, qu'aucun ne triche ! En effet, si l'un d'eux s'approprie par exemple plus de nourriture que ses coéquipiers, les autres ne veulent alors plus coopérer avec lui.

La **corneille** et le **corbeau** reconnaissent d'ailleurs un visage humain, et n'oublient pas quelqu'un qui leur a fait du mal ! Pour un « bienfaiteur » qui leur aurait donné à manger, ils peuvent revenir vers lui avec un cadeau, par exemple quelque chose de brillant.

Une des stratégies du **corbeau** et de la **corneille** pour voler la nourriture d'un autre animal est de venir derrière lui pendant qu'il mange et de lui tirer la queue. Dès qu'il se retourne, hop ! Un complice dérobe sa pitance et s'envole avec !

Pour éviter que ses compères lui volent la nourriture qu'il met en réserve, le **corbeau** est capable de les tromper, en feignent de l'enterrer à un endroit, alors qu'il la met ailleurs !

16. Les corbeaux peuvent aussi apprendre à parler, comme les perroquets.

La **hyène** pratique elle aussi ce qu'on appelle le « kleptoparasitisme » : elle attend tranquillement qu'un animal tue sa proie puis le fait fuir et lui pique son repas ! Le **nudibranche**, un mollusque marin sans coquille, lui, pratique la « kleptoprédation » : dès qu'un **hydraire** a fait le plein de plancton, le **nudibranche** le mange alors lui !

Pour les **corbeaux** vivant en zones urbaines[17], les voitures peuvent s'avérer des alliées. Ces oiseaux très malins ont été observés plusieurs fois en train de laisser tomber volontairement des noix devant les voitures en circulation. Ils attendent qu'elles les écrasent et vont les récupérer pour les manger.

Dans la nature, les **corbeaux** font travailler les **loups** pour eux ! Certains ont été observés appelant les **loups** pour qu'ils viennent ouvrir la carcasse d'animaux morts, afin de rendre les chairs plus accessibles pour eux ensuite.

Les **corbeaux à capuchon** ainsi que les **goélands argentés** savent également imiter l'Homme en jetant du pain en surface de l'eau afin d'attirer les poissons pour les pêcher !

---

17. Les corbeaux des villes ont un taux de cholestérol plus élevé car ils mangent les restes de fast-food jetés par les humains. Au Japon, La « Crow Patrol » fut chargée d'éliminer les nids de corbeaux et corneilles sur les poteaux électriques. Sauf que ces petits génies d'oiseaux ont commencé à construire des nids factices pour occuper la patrouille loin de leurs vrais nids !

Un moyen plus sordide qu'ont les **milans noirs** ou les **faucons bérigora** d'Australie pour se nourrir, est de créer un incendie ! En effet, ils ont été observés lors de feux de forêt, en train de ramasser avec leurs serres ou leur bec des bâtons enflammés dans le but d'aller les déposer là où l'incendie pourrait se propager encore plus. Dans quel but ? Pour faire fuir leurs proies et pouvoir les capturer !

◆

La dance des abeilles

Lorsque les **abeilles** exploratrices découvrent de nouvelles fleurs (mais aussi un emplacement d'eau ou de résine), elles reviennent à la ruche pour prévenir les autres, et leur « dire » où elles se trouvent. Comment font-elles cela ? Grâce à une petite danse ! Appelée « dance des abeilles », ces mouvements qu'elles effectuent dans les airs indiquent avec un angle précis (angle formé par le sommet de la ruche, la projection du soleil sur l'horizon et la position des fleurs), la direction et même la distance des fleurs convoitées. Elles

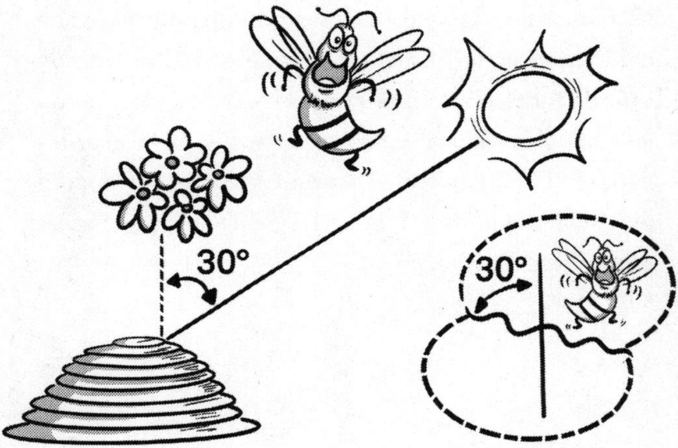

savent aussi effectuer différents mouvements, à différentes allures et de différentes durées, pour indiquer si le nectar est abondant, ou riche en sucre !

Carte mentale

Les **abeilles** ont un cerveau pas plus gros qu'une tête d'épingle, pourtant, elles sont capables d'identifier et de retenir différents signes placés sur une carte, puis, une fois placées à l'entrée d'un labyrinthe, de reconnaître le signe menant à la sortie et lié à une récompense.

Le professeur en zoologie Karl von Frish (université de Munich) a mené une expérience épatante : il plaça une barque remplie de fleurs au milieu d'un lac, puis, sachant que les **abeilles** ont une excellente carte mentale[18] des lieux autour de leur ruche, il observa ce qui allait se passer une fois que les **abeilles** exploratrices allaient les découvrir. Après avoir repéré les fleurs sur la barque, elles revinrent normalement à la ruche et indiquèrent par leur danse l'endroit des fleurs « flottantes ». Mais les **abeilles** réceptrices n'y crurent pas ! En effet, les fleurs n'ont rien à faire au milieu du lac... les **abeilles** ne décollèrent pas !

18. Lorsque les guêpes quittent leur maison le matin, elles s'en éloignent en volant en arrière ! Elles gardent ainsi dans leur champ de vision leur nid et « photographient » le paysage pour pouvoir retrouver leur chemin au retour !

Boules Quies

Si un coq vous chantait directement dans l'oreille, vous recevriez 138 dB, bruit au-delà du seuil de douleur pour l'humain !

Mais alors comment fait-il, lui, pour supporter cela ? Des chercheurs ont découvert qu'en fait, dès que le **coq** chante, ses oreilles se bouchent ! Quand son bec s'ouvre, cela ferme ses canaux auditifs.

La **chauve-souris** a un peu la même technique que le **coq** : bien que l'humain ne l'entende pas car son cri est trop aigu, elle peut crier jusqu'à 140 dB, ce qui est aussi assourdissant que le bruit d'un avion au décollage à quelques mètres ; mais juste avant de lancer son cri, la **chauve-souris** « éteint » sont oreille interne, et la « rallume » une fraction de seconde après son cri pour pouvoir percevoir l'écho qui en découle !

L'**Araponga blanc** pousse le cri le plus fort de tous les oiseaux de la planète qui est de 125 dB ! Un niveau dangereux pour l'être humain. Étrangement, c'est en poussant son incroyable cri métallique face à la femelle qu'il lui fait la cour…

En 2017 au Mexique, des biologistes ont enregistré le son le plus fort émis par un poisson ! Le **gulf corvina** mesure moins d'un mètre mais produit un son de 177 dB (la baleine bleue chante à 188 dB)! Il peut même rendre sourds ses voisins, comme le dauphin.

Le **singe hurleur noir** est l'animal terrestre le plus bruyant ! Grâce à un os hyoïde sous sa langue, il pousse un cri équivalent à une fanfare de 200 membres (140 dB), qui peut être entendu jusqu'à 5 km. Ce cri lui permet d'éviter des conflits entre plusieurs groupes et c'est pour cette raison qu'il est appelé « le plus diplomatique des singes ». De plus, il est étonnamment avéré que plus ses testicules sont petits, plus son cri est puissant.

Pour ce qui est de l'animal le plus bruyant « par rapport à sa taille », c'est la minuscule **punaise d'eau** (*Micronecta scholtzi*) qui mesure 2 mm et qui pourtant détient cet incroyable record : elle produit un chant de 99,2 dB, un son équivalent au vrombissement d'une voiture, et cela juste en frottant son pénis contre son abdomen. Notons qu'elle produit ce son puissant sous l'eau, et qu'il perd presque toute sa puissance lorsqu'il passe de l'eau à l'air, même s'il reste bien audible par les humains qui sont à proximité du rivage.

Vibreur intégré

Pensez-vous que l'on pourrait entendre une **abeille** même si elle n'avait pas d'ailes ?!

En effet, le bourdonnement que l'on perçoit ne provient pas de ses ailes : en fait, ce sont les muscles de son thorax qui vibrent en se contractant à répétition et ces sont ces vibrations qui font battre les ailes à plus de 230 battements par seconde, soit un battement toutes les 4 millisecondes ! C'est ainsi que l'**abeille** arrive à porter dans les airs son propre poids en nectar.

Toxiques

Le taïpan du désert est le serpent le plus venimeux du monde, et se trouve en Australie[19] !

Sa morsure possède assez de létalité pour tuer 100 hommes ou 250 000 souris. Il est extrêmement rapide et peut infliger sept morsures mortelles dans la seule et même attaque. Pourtant, devant un danger, il fuit...

Bien que le **serpent boomslang** soit lui aussi assez craintif et paisible, si jamais il mord et injecte son venin, il provoque de si violentes hémorragies et une telle liquéfaction du sang que celui-ci s'échappe par tous les orifices du corps, jusqu'à la mort ! Étonnamment, la **mangouste** ne s'inquiète pas du tout du venin du **serpent boomslang** et elle le chasse jusque sur la dernière branche de l'arbre où il se réfugie avec une dextérité impressionnante et le combat jusqu'à le tuer.

---

19. Sur les 25 serpents les plus venimeux au monde, 21 se trouvent... en Australie. Cependant, bien que l'Australie soit réputée pour ses serpents et ses araignées, en 10 ans, les animaux les plus meurtriers pour l'Homme ont été dans l'ordre : le cheval, la vache, le chien, le kangourou, et l'abeille. Il n'y a eu qu'un seul mort par morsure d'araignée en 40 ans ! Et dans le monde, plus de personnes meurent chaque année tuées par des abeilles que par des serpents venimeux.

La **mangouste** se régale alors d'un dîner particulièrement dangereux pour le reste du monde, sauf pour elle !

Une autre petite souris qui ne craint rien ni personne est la **souris *Onychomys torridus***. Alors qu'une seule piqûre de scorpion venimeux tuerait toutes les autres, elle, elle l'attrape par la queue, le frappe à la tête, et le mange ! Si elle est piquée, elle se lèche, et tout va bien. Le venin n'a aucun effet sur elle.

1 serpent sur 100 000 dans la nature naît avec deux têtes !

Les **serpents à deux têtes** possèdent deux cerveaux et ont des personnalités distinctes, bien qu'une tête domine généralement l'autre ! Cependant, ils vivent rarement longtemps dans la nature car des décisions simples, comme se déplacer à droite ou à gauche, ou quelle tête doit manger en premier, deviennent un enfer pour eux.

Janus, elle, est une **tortue à deux têtes** et a eu 23 ans en septembre 2020 ! D'après le Muséum d'histoire naturelle de la ville de Genève, en Suisse, où elle vit, 23 ans est un véritable exploit de longévité[20] pour un animal à deux têtes. Dans la nature, cette tortue bicéphale n'aurait pas survécu face aux prédateurs, car elle est incapable de rentrer ses deux têtes dans sa carapace.

Des **requins à deux têtes** apparaissent parfois dans les filets de pêche. Il semble qu'un patrimoine génétique décroissant dû à la surpêche, la pollution ou encore à des infections virales soient à l'origine de ces malformations. Ces **requins** bicéphales ne parviennent pas à l'âge adulte, ils meurent jeunes. Les films d'horreur[21] ne restent donc encore que des films...

20. Les tortues « à une tête » peuvent vivre jusqu'à presque deux siècles. Comment font-elles pour vivre si longtemps ? Un des secrets est tout simplement leur carapace qui, excepté au tout début de leur vie, les protège de nombreux prédateurs. Ajouté à leur métabolisme très lent, cela explique que certaines atteignent presque deux siècles !

21. Le requin tue en moyenne 10 personnes par an. L'Homme tue en moyenne 100 millions de requins par an.

Chez les **chats**, on trouve une maladie très rare, appelée la diprosopie, à cause de laquelle des parties du visage sont dupliquées sur la tête. Les **chats** qui en souffrent sont appelés « chats Janus », et le record de longévité est détenu par le **chat** Frankenlouie (Frank and Louie) qui vécut 15 ans ainsi.

Invités surprise !

Pourquoi la **chouette hurlante** a l'étonnante habitude de rapporter des serpents vivants dans son nid ?!

Ce sont de petits serpents aveugles qui, s'ils ne sont pas mangés par les oisillons, s'enfouissent dans le nid[22] et le débarrassent des larves parasites qui pourraient gêner les oisillons.

22. Les nids ne servent pas de demeure aux oiseaux. Pour la très grande majorité, ce ne sont que des « pouponnières » destinées à la ponte, la couvaison et au nourrissage des oisillons jusqu'à leur envol. En dehors de cela, les oiseaux sont des « sans logis ».

Techniques de serpents !

Le **cobra cracheur** est un serpent capable de projeter du venin à distance, jusqu'à 3 m et avec une grande précision, afin d'aveugler son agresseur et prendre la fuite ! Par contre, cela ne fonctionne pas sur un autre cobra, car ils ont, eux, une protection au niveau des yeux.

D'autres serpents se défendent comme ils peuvent... C'est le cas du **serpent à nez crochu** de l'Ouest qui a un moyen très original d'effrayer un ennemi : il « pète ». Il lâche des bulles d'air depuis son cloaque (orifice à la fois pour les voies intestinales, urinaires et génitales) en les faisant « claquer » fortement !

Les **harengs**, eux aussi, communiquent en pétant ! Et en plus, sur une fréquence qu'ils sont seuls à percevoir afin ne pas prévenir les prédateurs.

Le **lamantin**, ou vache de mer, utilise carrément ses flatulences pour réguler sa flottabilité ! Les 100 kg par jour de végétation qu'il mange lui génèrent beaucoup de gaz et soit il l'emmagasine pour flotter, soit il le libère par flatulences pour nager plus profond.

Magnéto

Certains animaux ont la capacité de détecter les champs magnétiques des créatures vivantes. On appelle ce phénomène « *électropercéption* », et ils s'en servent pour chasser, appelé alors « *électrolocalisation* » ! Le **requin**, la **raie** ou encore le singulier **ornithorynque** (qui est aveugle et sourd sous l'eau), savent détecter les petites impulsions électriques générées par la contraction des muscles de leurs proies, et les repèrent grâce à cela, même si elles sont enfouies sous le sable !

Un zoo à lui seul

En ce qui concerne l'**ornithorynque**, ce fameux animal au bec de canard, à la queue de castor et aux pattes de loutre[23], une autre étrangeté chez lui est que, bien qu'étant un mammifère, il peut pondre des œufs ! Il peut même allaiter ses petits sans mamelles ! Comment fait-il ? Le lait produit par les glandes de la femelle suinte le long de ses poils, et pour « téter », les petits lèchent tout simplement les poils.

Et pour couronner le tout, saviez-vous qu'il est venimeux ? Il possède sur les pattes arrière un aiguillon à venin pouvant paralyser une jambe ou tuer un chien.

23. L'ornithorynque a tant étonné les premiers naturalistes qui l'ont découvert en 1798 que, lorsqu'ils ont envoyé les dessins de cet animal à Londres, les scientifiques ont cru à un canular !

Amour fidèle

Dans la nature, les perroquets grands aras s'unissent et demeurent fidèles jusqu'à la mort, c'est à dire jusqu'à environ 80 ans, parfois même 100 ans !

En bons **perroquets**, ils communiquent en imitant les sons et les mouvements du partenaire, et ils passent le quart de leur vie à jouer ensemble. Les deux n'hésiteront pas à faire voler les plumes de tout congénère osant s'approcher de trop près de leur moitié.

Les **sakis à face blanche**, des primates d'Amérique du Sud, se mettent eux aussi en couple pour la vie. Pour séduire sa compagne, le mâle va jusqu'à découvrir son fruit préféré, puis se frotte à l'arbre le produisant pour bien s'imprégner de l'odeur. Cela excite la femelle qui accepte de s'accoupler.

Une autre sorte d'amour « fusionnel » poussé à l'extrême se retrouve chez les **poissons lophiiformes**, qui font quelque chose de totalement incroyable : le mâle, beaucoup plus petit que la femelle (certains mâles sont jusqu'à 500 000 fois plus légers que la femelle), s'accroche à sa partenaire pour s'accoupler, puis fusionne littéralement avec elle ! Il se connecte à son système sanguin, pour ensuite perdre son cerveau, son cœur, ses yeux et ils deviennent un seul et même poisson ! Une femelle peut avoir fusionné avec plusieurs mâles.

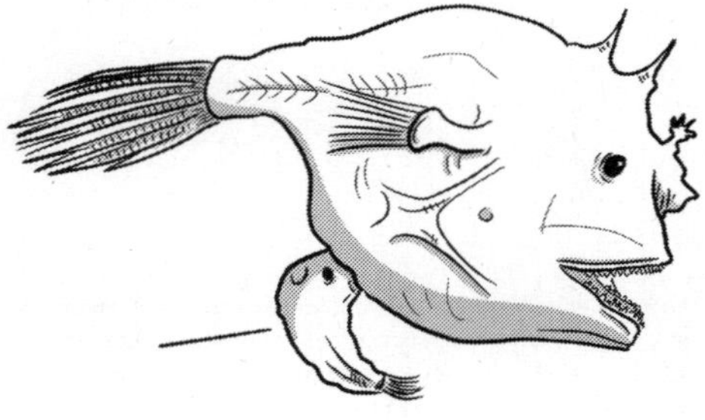

Sentinelle portative

Le **piquebœuf à bec rouge** permet au **rhinocéros**[24] d'échapper aux braconniers ! Cet oiseau à la vue perçante agrippé sur son dos, détecte plus vite que lui la présence d'humains. Cette sentinelle pousse alors de petits cris et le rhinocéros averti s'en va !

24. Le rhinocéros blanc et le rhinocéros noir ont la même couleur ! Les Sud-Africains utilisaient le mot « *wide* » (« large », en anglais) pour désigner les lèvres du rhinocéros blanc (le noir, lui, les a pointues), mais les britanniques auraient compris « *white* » (« blanc », en anglais) et auraient propagé ce deuxième nom.

Frontières naturelles

Clôture, barrière, grillage… L'homme cherche à empêcher d'entrer chez lui par divers moyens. Le **rhinocéros**[25] de Sumatra, lui, fait juste des marquages au sol avec ses pieds, incline quelques plantes et laisse quelques crottes. Ainsi, son territoire de 50 km^2 est respecté. Il n'a aucun prédateur, à part l'Homme…

◆

25. Le mot rhinocéros provient des mots grecs « *rhino* » (nez) et « *keras* » (corne). Ainsi, lorsque vous raccourcissez son nom en « rhino », vous dites simplement « nez ».

Frontière poétique, ou pas...

Les **dik-diks**, des antilopes d'Afrique, marquent leur territoire avec leur « larmes »! Un petit liquide glandulaire sort de leurs yeux et elles le déposent contre les herbes en se frottant.

Les mâles **dik-diks**, eux, marquent le leur avec des « tas d'excréments communautaires » : ils s'unissent et mettent en commun leurs déjections pour créer un tas qui impressionnera l'ennemi ! Ils en déposent même sur ceux des éléphants pour gagner en hauteur !

Le **saïga** est une antilope qui se distingue par son nez qui recouvre sa bouche à la manière d'une petite trompe. Ce nez atypique lui permet de filtrer la poussière en été, et de réchauffer l'air froid inspiré en hiver.

Un vieux de la vieille

Chose étonnante, bien que le **requin** du Groenland soit l'un des poissons les plus lents au monde (sa vitesse est de 0,3 mètres par seconde même lorsqu'il chasse – un requin blanc en chasse peut atteindre 13 mètres par seconde à titre de comparaison) il arrive pourtant à manger des phoques bien plus rapides que lui ! Comment ? Tout simplement en attendant que ses proies dorment pour les croquer.

Autre particularité du **requin** du Groenland, il n'est mature sexuellement qu'à l'âge de... 150 ans ! Ce n'est qu'à ce moment-là que la femelle peut avoir sa première portée. Cela parait fou, mais il faut savoir que ce **requin** peut vivre pendant quatre siècles[26] ! Ce qui veut dire que certains de ces requins encore vivants ont été contemporains d'Henri IV ou encore de Louis XIV. Il est d'ailleurs le vertébré avec la plus longue longévité, c'est pourquoi il peut atteindre jusqu'à 5 m de long alors qu'il ne grandit que d'environ 1 cm par an !

---

26. Le plus vieil animal « terrestre » encore vivant est une tortue, et elle s'appelle Jonathan. Cette tortue géante a (en 2020) 188 ans ! Jonathan est né la même année que Gustave Eiffel, en 1832, et coule des jours heureux, lentement, sur l'île de Sainte-Hélène au beau milieu de l'océan Atlantique.

Tout en finesse

Le **vautour** pratique l'« **urohydrose** » : il **urine** volontairement **sur lui-même** !

Mais cela dans un but bien précis : son urine étant très acide, il arrose ses pattes pour les désinfecter des bactéries accumulées à cause de la carcasse pourrie qui lui a servi de repas.

Et puisque nous sommes dans la délicatesse et les bonnes manières, sachez que l'**urubu à tête rouge** est un vautour qui a une technique de défense bien à lui : quand il est menacé, il vomit ! Cela dissuade à tous les coups les prédateurs à cause de l'odeur répugnante.

C'est aussi ce que fait le **fulmar**, un cousin de l'albatros, qui vomit devant les importuns qui trainent trop près de son nid. Le rejet stomacal qu'il offre a la particularité, en plus d'être extrêmement nauséabond, d'être dangereux pour l'oiseau qui en reçoit sur ses plumes, car il enlève l'isolant du plumage, et le malheureux pourrait couler s'il se pose sur l'eau. Autant dire que cette déjection les fait fuir à coup sûr ! Par contre, les petits du **fulmar**, eux, s'en régalent...

Jamais rassasié !

Lorsque le **vautour de Rüppell**, en Afrique centrale, trouve une carcasse, il mange sans s'arrêter jusqu'à être si gorgé qu'il n'arrive presque plus à voler.

Par contre, une fois le ventre plus léger, il peut voler plus haut que tous les oiseaux du monde ! En effet, le **vautour de Rüppell** est l'oiseau ayant la plus haute altitude de vol : il a été observé à 11 300 m au-dessus du niveau de la mer, soit l'altitude moyenne des avions de ligne[27] !

Notons que l'**oie à tête barrée** n'a pas à rougir, puisqu'elle vole à 10 000 m, et le **cygne** peut monter à 8 000 m[28] !

27. C'est justement une collision avec un avion qui a certifié ce record. Sous-entendant qu'il aurait pu aller plus haut encore...
28. Des chercheurs de l'université de Berkeley, en Californie, ont placé des abeilles dans des chambres simulant la faible pression de l'air en haute altitude. L'expérience démontra que théoriquement, elles pourraient encore voler à 9 000 mètres d'altitude, soit plus haut que le mont Everest.

LE SAVIEZ-VOUS ?

Vous rêvez de monter sur le dos d'un gros oiseau et de vous envoler avec lui ? L'**outarde kori** est l'oiseau le plus lourd au monde capable de voler. Il pèse en moyenne 13 kg, soit le poids moyen d'un humain de 5 ans, et peut aller jusqu'à 20 kg. Mais n'imaginez pas monter sur son dos pour vous envoler... La limite « théorique » du poids maximal pour un vol battu horizontal est de 15 kg. Il se trouve que l'**outarde kori** accomplit donc l'impossible !

Tomber sur un os

Le **gypaète barbu** est une espèce de vautour qui a la particularité de se nourrir uniquement d'os ! Il avale tels quels les plus petits, et les gros, il les emporte dans les airs puis les fait tomber sur des rochers[29]. Une fois brisés, il les gobe. Il attend patiemment que les charognards aient dépecé les carcasses, puis vient finir le travail d'élimination des restes. Comme il est un des rares oiseaux à pouvoir consommer cette nourriture, il ne souffre d'aucune concurrence !

29. La légende raconte que c'est un gypaète barbu qui laissa tomber, en 456 av. J.-C., une tortue sur le crâne chauve du dramaturge grec Eschyle (qu'il prit pour un caillou), ce qui le tua sur le coup...

Une abeille qui mange de la viande ?!

Oui, l'**abeille vautour** est la seule **abeille** connue qui se nourrit, non pas de nectar ou de pollen, mais de viande ! Elle entre dans une carcasse par les yeux, mange la chair, puis va la vomir à la ruche où elle est transformée en une substance ressemblant au miel.

◆

Cigales 17 ans

Pendant 17 longues années, les **larves** des **cigales** restent enfouies sous le sol. Puis, d'un coup, elles surgissent toutes, muent, se reproduisent, et meurent un mois après. Les nouvelles **larves** attendent alors 17 ans.

◆

Le chant des cigales

Seul le mâle « chante » chez la **cigale** et ce, dès qu'il fait 22°C !

À ce moment précis, un muscle actionne deux membranes souples (appelées « cymbale ») qui émettent le fameux « chant ». Le système ressemble à la façon que nous avons de pincer le couvercle d'un bocal pour lui faire faire « clic-clac ». Une **cigale** ne mesure guère plus qu'un trombone, mais on peut l'entendre jusqu'à 1,5 km !

Il arrive parfois que, lors de la saison des amours, les femelles **cigales** prennent le grondement d'outils électriques, comme des tondeuses par exemple, pour l'appel amoureux des mâles, et se jettent sur le jardinier en train de tondre !

Hibernatus !

Beaucoup de scientifiques en rêvent, la **grenouille des bois** (*Lithobates sylvaticus)* le fait : elle survit à plusieurs mois de congélation totale et volontaire ! L'hiver, dans les bois nord-américains où elle vit, elle s'enterre sous un tas de feuilles et se laisse littéralement congeler, en arrêt cardiaque !

C'est le glucose dans son sang, qui ne circule quasiment plus, qui agit comme un cryoprotecteur, en empêchant la dégradation des cellules au moment de la cristallisation et de la décongélation de l'eau à l'approche de l'été. Une fois décongelée, son cœur se remet à battre, et elle reprend sa vie en bondissant !

Les **chenilles teigne** (*Gynaephora groenlandica*) de l'**ours laineux** de l'Arctique, qui vivent au Groenland, passent 90 % de leur vie congelées jusqu'à -70°C. Puis à leur dégel, elles deviennent des papillons pour très peu de temps.

Le **crocodile** est ectotherme : c'est-à-dire qu'il ne produit pas de chaleur et n'a pas besoin de beaucoup d'énergie pour garder sa température. Il utilise uniquement le soleil pour se chauffer et l'eau pour se rafraîchir. De plus, son minuscule cerveau ne nécessite pas d'être maintenu au chaud.

Les **alligators** par exemple, sont capables de survivre complètement gelés dans la glace[30] durant l'hiver, à condition d'avoir juste les narines à l'extérieur ! On peut les voir au travers de la glace ce qui donne un spectacle saisissant !

L'**écureuil terrestre arctique** devient en hiver le mammifère le plus froid ! Durant les 8 mois où il hiberne, sa température corporelle tombe à -2,9°C, un record ! Mais comment son cerveau fait-il pour ne pas geler ? Toutes les deux semaines environ, l'**écureuil** frissonne et sa température remonte à la normale (36°C) pour une quinzaine d'heures, ce qui lui garde le cerveau intact tout l'hiver. L'analyse du cerveau après l'hibernation indique qu'il fonctionne même mieux qu'avant !

30. La « brumation » est la léthargie hivernale adoptée par certains animaux à sang froid (on appelle « hibernation » celle adoptée par les animaux à sang chaud).

Cire maison

La **rainette *Phyllomedusa sauvagii*** a son astuce pour supporter, au contraire, la sécheresse extrême : elle sécrète une cire[31] qu'elle s'étale elle-même sur tout le corps, avec ses quatre petites pattes, pour se rendre hermétique ! Elle réduit ainsi les pertes d'humidité par la peau.

31. L'hippopotame sécrète lui aussi une cire particulière, un écran solaire naturel ! C'est un fluide rougeâtre, produit par des glandes sous sa peau, dispersant les rayons du soleil.

Dans le ventre de maman !

La **grenouille à incubation gastrique**, espèce éteinte depuis 2002, avait un mode de reproduction unique : une fois ses œufs fécondés, la femelle les avalait et les incubait... dans son estomac ! Lorsque les bébés étaient formés, elle les vomissait. Au moment de la couvaison, le poids de la mère pouvait augmenter de 60 % ! C'est l'équivalent d'une humaine de 70 kg qui prendrait 45 kg durant la grossesse, soit le poids de 18 bébés de 2,5 kg ! Si la mère se sentait en danger, elle pouvait alors les cracher à plus d'un mètre !

Papa poule

Le **jacana**, un oiseau échassier, ne souffre pas de malformation !

Ce nombre étonnant de pattes correspond en réalité aux pattes de ses petits qu'il protège sous ses ailes. Chez les **jacanas**, la mère disparaît après avoir pondu ses œufs, et le père s'occupe seul des poussins. Lorsqu'il sent le danger, il les protège en les transportant tous sous ses ailes, ne laissant dépasser que leurs longues pattes.

Un autre moyen de protéger sa famille et ses petits est celui choisi par le **calao rhinocéros** : il emmure littéralement sa femelle durant la couvaison ! Alors qu'elle pond ses œufs[32] dans un creux d'arbre, il bloque l'entrée avec de la boue, laissant juste une petite fente. Ce mur protège la femelle et les petits des prédateurs comme les serpents ou les singes. Le mâle est alors en charge d'aller chercher de la nourriture, qu'il glissera par la fente régulièrement. Ce n'est que quand les petits ont des plumes, que la femelle sort enfin.

Le **mérion superbe**, pour se protéger du coucou qui place sans scrupules ses œufs dans le nid d'autres oiseaux, apprend à ses petits, alors qu'ils sont encore dans l'œuf un cri précis, un « mot de passe », pour qu'ils puissent se démarquer des petits du coucou !

Le mégapode **maléo** est un oiseau endémique de Sulawesi, une île d'Indonésie, qui ne couve pas mais laisse faire le travail aux... volcans ! Au moment de pondre, la femelle creuse un trou dans le sol volcanique où coulent des ruisseaux bouillants et cette chaleur naturelle assure une incubation automatique de deux à trois mois, jusqu'à l'éclosion. De plus, la chaleur

32. Les poussins de la poule peuvent eux aussi communiquer entre eux et avec leur mère avant même leur naissance à travers les coquilles.

protège les œufs des prédateurs qui ne peuvent rester trop longtemps sur le sol volcanique.

La mère **poulpe** surveille et protège ses œufs (qui sont pondus en grappes au plafond d'une voute rocheuse) pendant six semaines sans s'alimenter ! Les petits poulpes n'ont ensuite aucune relation avec leur mère, car elle meurt quelque temps après l'éclosion...

Le record de la plus longue couvaison du règne animal est détenu par la **pieuvre *Graneledone boreopacifica*** ! Elle peut couver ses petits pendant quatre longues années[33] ! À la fin de ce formidable record maternel, la maman **pieuvre** meurt également.

Chez les ***Opistognathidae***, c'est le mâle (nommés « tout-en-gueule ») qui incube les œufs dans sa bouche jusqu'à l'éclosion ! Il cesse de s'alimenter durant toute cette période. Une fois sa mission accomplie, il reprend le cours de sa vie.

Comme chez les hippocampes, c'est aussi le **dragon de mer** mâle qui couve ! La femelle lui pond de jolis œufs colorés directement sous la queue, où il les gardera un mois.

---

33. Chez le vertébré, la plus longue période connue de gestation se retrouve chez le requin-lézard (*Chlamydoselachus anguineus*), qui dure 3 à 5 ans, deux fois plus que celle de l'éléphant.

Dès la naissance, les jeunes sont indépendants et savent se nourrir, ce qui libère alors le père de sa mission.

Contrairement à la grande majorité des queues animales, la queue de l'**hippocampe** (qui est préhensile, donc capable de saisir des objets) est carrée !

Les roboticiens l'étudient beaucoup car sa forme offre plus de points de contacts pour saisir des choses qu'une queue cylindrique classique.

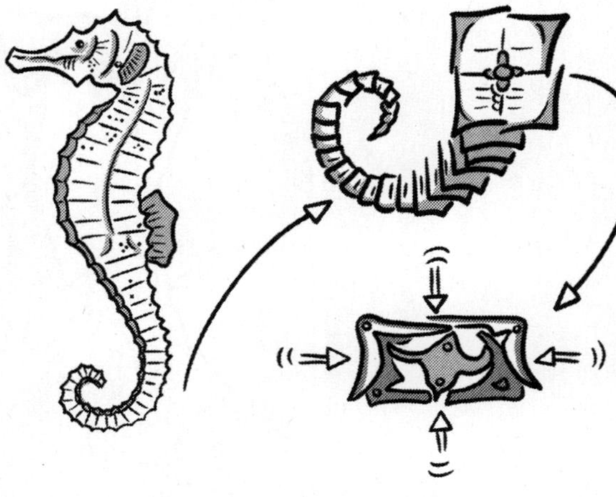

Le singe araignée

Ce primate s'appelle ainsi à cause de sa longue queue préhensile (capable de saisir des objets) qu'il utilise comme un cinquième membre. Cela crée un effet déroutant qui donne l'impression qu'il possède trois jambes ou trois bras.

Gros œuf

Le **kiwi** est un l'oiseau qui détient le record du monde de « l'œuf le plus gros par rapport à la taille de l'animal » !

Ses œufs font 20 % du poids de la mère. Par comparaison, c'est comme si une humaine de 60 kg mettait au monde un bébé de 12 kg !

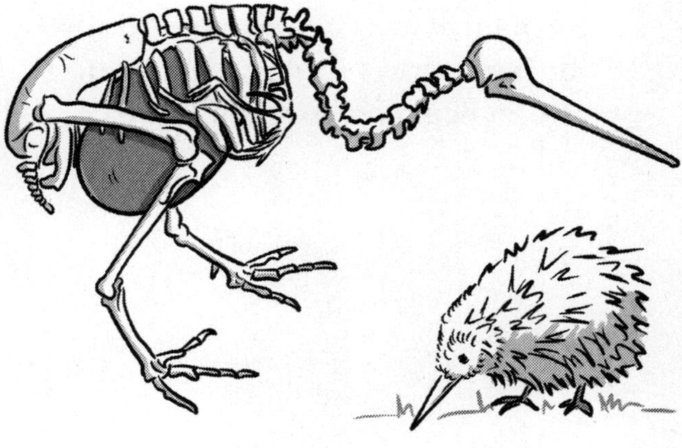

LE SAVIEZ-VOUS ?

L'**autruche** pond les œufs les plus gros du monde ; elle est également l'oiseau le plus rapide au sol (70 km/h), le plus gros de la planète, le seul à n'avoir que deux doigts (et le seul oiseau à ne courir que sur un seul orteil, l'autre servant juste à l'équilibre), elle a des yeux plus gros que son cerveau, elle saute jusqu'à 1,50 mètre de haut et fait des enjambées de près de 5 m, porte 1 kg de cailloux dans le ventre, et peut tuer d'un seul coup de pied !

Chauffage automatique

Lorsque les explorateurs en Australie ont découvert les nids de l'oiseau **Léipoa ocellé**, ils les ont pris pour des tombes aborigènes !

Ces nids sont en réalité parmi les plus grands nids individuels[34] du monde[35]. Ils mesurent jusqu'à 4 m de diamètre, et sont chauffant : le mâle y met des végétaux dont la fermentation réchauffe les œufs !

34. Le Républicain social est un oiseau qui construit les plus grands nids « communs » connus ! Ces immenses nids sont en effet collectifs et peuvent accueillir jusqu'à 500 oiseaux, sur plusieurs générations ! Ils sont si lourds, que leur support parfois se casse !
35. L' emblème américain, le Pygargue à tête blanche, construit les plus grands nids d'Amérique ! Son nid peut mesurer 4 m de haut et 2,5 m de large ! Mais comme sa construction se poursuit tout au long de sa vie, il finit souvent par s'effondrer !

Kidnapping en Antarctique

Le poussin **manchot empereur** reste au chaud posé sur les pieds de sa mère et de son père plusieurs semaines après l'éclosion. Il continue ainsi de se développer entre les pattes de ses parents.

Si cette scène peut paraître touchante, une des facettes du **manchot empereur** femelle laisse tout de même les chercheurs perplexes. En effet, la femelle n'hésite pas à kidnapper le poussin d'une autre mère ce qui provoque souvent une bagarre qui se termine malheureusement par l'abandon du poussin, seul dans la nature...

CONFONDS-TU PINGOUIN ET MANCHOT ?

Le **pingouin** ne vit que dans l'hémisphère nord, et le **manchot** que dans l'hémisphère sud. Une autre différence majeure est que le **pingouin**, contrairement au **manchot**, peut voler ! En anglais, **manchot** se dit « *penguin* », ce qui ajoute à la confusion.

Le dernier **grand pingouin** (un grand oiseau incapable de voler) vivant au Royaume-Uni fut tué en 1840 car il était soupçonné d'être une sorcière. Le tout dernier de la planète fut tué en 1844, en Islande, « afin d'être mis dans un musée pour sa rareté » ...

500 mètres !

Voici le record de plongée pour un oiseau et c'est le **manchot empereur** qui l'emporte, avec en plus 30 minutes sous l'eau sans respirer ! Comment fait-il pour tenir aussi longtemps ? Lorsqu'il plonge, avant même de toucher l'eau, son cœur se met à battre très vite et fait affluer l'oxygène dans ses muscles, ensuite, de façon extraordinaire, il coupe carrément l'afflux de sang vers les muscles, et garde l'oxygène pour le reste de son corps.

Le **manchot empereur** nage en moyenne à 10 km/h, mais grâce à un autre procédé génial, il peut atteindre les 30 km/h : il relâche l'air emprisonné dans ses plumes sous forme de microbulles, ce qui lubrifie son corps et lui fait fendre l'eau comme une torpille !

Poussez-moi, je rêve !

Les **manchots royaux** dorment plus profondément l'après-midi que le matin ! Cette donnée insolite fut découverte par le scientifique français Gérard Dewasmes en poussant les **manchots** avec un bâton à différents moments de la journée et en enregistrant le temps qu'ils mettaient à se réveiller…

Géant des glaces !

Recouvert de glace et de neige à 99 %[36], l'Antarctique n'est pas propice à la faune terrestre. Et aussi incroyable que cela puisse paraître, à l'exception de l'Homme (espèce non native) le plus gros « animal terrestre » y vivant est… un moucheron de 6 mm ! C'est le ***Belgica antarctica*** ! (Les manchots ne comptent pas car ce sont des « oiseaux marins ».)

36. En raison des températures glaciales en Antarctique, l'urine des manchots gèle très vite. Et avec des millions de ces petites créatures errant sur le continent, on estime que les glaciers de l'Antarctique sont constitués de 3 % d'urine de manchot !

Poilade chez les rats

Des neuroscientifiques de l'université Humboldt, à Berlin, ont démontré que les **rats** rient si on les chatouille !

Ils émettent des vocalises à une fréquence de 50 kHz (inaudibles à l'oreille humaine) qui sont signe de plaisir et sautent littéralement de joie. Les chercheurs ont même été surpris de constater que les **rats** s'habituent à la main qui leur fait ces guilis, et recherchent son contact pour d'autres séances de chatouilles !

Il est même démontré que les **rats** peuvent apprendre à jouer à cache-cache avec l'humain, et à en retirer du plaisir ! Ils vocalisent lorsqu'ils cherchent l'humain, se taisent lorsqu'ils sont cachés et, quand on les trouve, ils sautent également de joie et leur taux de dopamine augmente !

Et les **rats** savent conduire !

Des chercheurs ont appris à des **rats** à conduire des mini-voitures pour atteindre des céréales. Les rongeurs appuient sur 3 boutons, gauche, droite, ou tout droit. De plus, on a découvert que la conduite réduit chez eux le stress.

Distingués de nature

Les rats ne peuvent pas vomir, ni roter.

Ils ont une puissante « barrière » entre l'estomac et l'œsophage, et n'ont pas la force musculaire œsophagienne nécessaire pour la forcer. C'est ce qui rend d'ailleurs la mort aux rats si efficace.

Un **rat** mange 10 % de son poids chaque jour ! Cela représente pour une personne de 70 kg l'équivalent de 31 Big Mac par jour !

Le **rat brun** a conquis tous les continents (sauf l'Antarctique) grâce à deux choses : il se nourrit de tout ce qui se mange[37], et il sait penser en équipe. Entre manger une pépite de chocolat et libérer un congénère captif, il préfère libérer l'autre **rat**, et ensuite partager la pépite avec lui.

Une autre étude (datant de 1959) montre également que les **rats** sont empathiques[38] : si un levier offrant de la nourriture à l'un, provoque à chaque fois

37. Au moins 20 % de la nourriture mondiale est consommée ou contaminée par des rats et des souris chaque année.

38. Notons cependant que chez les rats, une hiérarchie systématique s'installe : exploiteurs/exploités (ou dominants/dominés). Après analyse des cerveaux, les plus stressés sont les exploiteurs.

qu'il est actionné une petite décharge au second, le premier se prive alors de manger pour ne pas faire souffrir son compagnon.

Un **rat** peut également tenter de libérer son congénère pris dans un piège. Une expérience japonaise de 2015 a montré qu'un **rat** bien au sec et séparé par une porte en plexiglas d'un de ses congénères, voyant que son camarade risque de se noyer, se démène pour réussir à lui ouvrir la porte.

Copains !

Autre exemple d'empathie animale, des chercheurs ont appris à des **perroquets gris** du Gabon à échanger des jetons contre de la nourriture. Ils ont alors remarqué que, lorsqu'un **perroquet** avait des jetons et un autre aucun, le premier en donnait au second pour qu'il puisse lui aussi avoir à manger !

Pourquoi le chat aime-t-il boire au robinet ?

Ah ! Voici enfin la réponse à la question titre de ce livre !

Avez-vous vérifié que sa gamelle est fraîche ? Votre **chat**, comme tous ses congénères, est maniaque et ne boit pas d'eau sale. Et sa gamelle d'eau est-elle assez large pour ne pas que ses moustaches touchent le bord, ce qu'il n'aime pas ?

Malgré cela, votre **chat** continue de préférer boire au robinet de la cuisine ou de la salle de bains plutôt que dans sa gamelle, qui est pourtant bien remplie et accessible ! La clef de ce mystère réside alors dans le fait que le **chat** domestique possède toujours son instinct d'animal sauvage et que, dans la nature, lorsqu'un félin trouve une source d'eau au bord de laquelle se trouve une proie ou un animal mort, son instinct lui dit de ne pas boire de cette eau sûrement contaminée. Alors si la coupelle d'eau de votre chat se trouve accolée à sa nourriture, il y a de fortes chances que ce soit cela qui l'empêche d'y boire, et le pousse à chercher une autre source plus « sûre » !

Pourquoi les **chats** adorent-ils dormir au soleil ?

Les **chats** utilisent l'énergie du soleil pour compenser la baisse de température corporelle et la baisse du métabolisme basal dues au sommeil. L'énergie stockée pourra également être utilisée plus tard pour de nombreuses activités.

Notons que, contrairement à ce qui se dit souvent, le **chat** n'est pas « nocturne ». C'est un animal « crépusculaire », c'est-à-dire qu'il est le plus actif, pour chasser et pour jouer, durant le crépuscule et l'aube.

Où caresser son **chat** selon la science ?

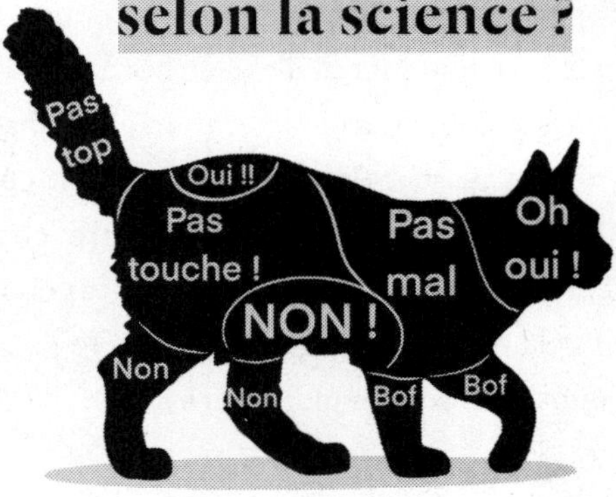

Un chat peut-il être gaucher ou droitier ?

Tout à fait ! Même s'il se sert indifféremment de l'une ou de l'autre patte pour des tâches faciles, il utilise toujours la même pour des plus complexes. Pour les femelles c'est généralement la droite, et pour les mâles plutôt la gauche. Il en va de même pour les autres animaux, leur latéralité se voit dans la façon qu'ils ont d'utiliser leur membres droit ou gauche par reflexe : par exemple, les **chiens** donnent une patte plutôt qu'une autre, les **reptiles** enroulent leur queue toujours dans le même sens, les **poissons** fuient du côté de leur œil dominant, la **baleine** à bosse se nourrit du côté droit de sa mâchoire, et le **chimpanzé** utilise la main gauche pour être précis, et la droite pour la force !

Le chat, le meilleur ami de l'Homme ?

Des chercheurs de l'université de l'Oregon ont montré en 2019 que, contrairement aux idées reçues, les **chats** tissent avec les êtres humains des liens d'attachements du même type que ceux bâtis par les chiens ou par les enfants envers leurs parents.

D'ailleurs, lorsqu'il est stressé, un **chat** a besoin de son humain pour se sentir en sécurité ! En effet, les mêmes chercheurs ont démontré que la plupart des **chats** domestiques utilisent bien l'être humain comme source de réconfort.

Une étude a démontré scientifiquement que oui, les **chats** reconnaissent bien leur nom quand on les appelle ! Ils distinguent parfaitement le mot qui les identifie, même prononcé par un étranger ! C'est juste qu'ils font semblant de ne pas l'entendre...

LE CHAT-VIEZ-VOUS ?

Une étude a démontré scientifiquement que oui, les **chats** reconnaissent bien leur nom quand on les appelle ! Ils distinguent parfaitement le mot qui les identifie, même prononcé par un étranger ! C'est juste qu'ils font semblant de ne pas l'entendre...

Super-vision

Alors que le chien et le chat sont dichromates (c'est-à-dire qu'ils ont deux types de cônes récepteurs dans les yeux), les **abeilles** et l'humain, eux, sont trichromates (trois types de cônes), mais, chose complètement folle, la **crevette-mante** (*Stomatopoda*) possède, elle, à chaque œil pas moins de douze types de récepteurs différents ! C'est certainement le système visuel le plus sophistiqué de tout le règne animal. Elle possède une des meilleures visions connues et il est tout bonnement impossible d'imaginer les couleurs qu'elle voit.

Autre exploit épatant chez la **crevette-mante**, véritable boxeuse des océans, c'est qu'elle assène des « coups de poing » avec une force d'impact représentant plus de 1 000 fois son poids ! Ses deux petites pattes sont lestées de deux massues avec lesquelles elle porte des coups puissants à la vitesse de 110 km/h !

Ses appendices « ravisseurs », c'est-à-dire spécialisés pour la capture de proies, sont si rapides qu'ils auraient le temps de donner une centaine de coups le temps d'un simple clin d'œil !

La pince du petit crustacé appelé **crevette pistolet** se débrouille bien aussi : elle claque si vite et si fort (20 mètres/seconde) qu'elle produit l'implosion d'une bulle qui détonne à 220 dB et provoque un bref point chaud proche de la température du soleil (5 000°C) ! La détonation, qui peut être entendue à des kilomètres, tue ou assomme les proies de la **crevette** !

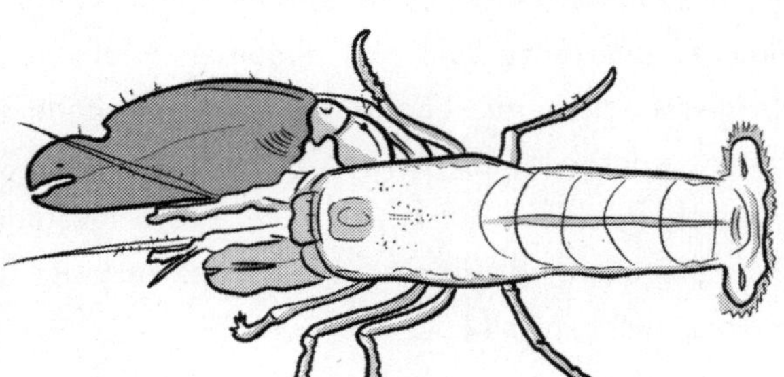

Bouchée explosive

Le scarabée bombardier, ou insecte péteur, est un coléoptère qu'on n'avale pas deux fois !

Il sait en effet produire un jet chimique extrêmement brûlant de 110°C qu'il projette avec son postérieur à 10 mètres/seconde ! Il peut même orienter à volonté son abdomen pour projeter son jet devant lui entre ses pattes. Lorsqu'un crapaud l'avale, alors que cet animal est connu pour tout dissoudre avec son acide gastrique, il est obligé de le vomir. Et chose jamais vue, après avoir été ingéré durant des heures, l'incroyable insecte ressort vivant !

Notons que ce **scarabée** bien armé est le seul animal connu qui peut créer une bombe en mélangeant deux substances contenues dans deux compartiments différents dans son abdomen : lorsque le danger se fait sentir, il contracte le premier compartiment contenant du peroxyde d'hydrogène et de l'hydroquinone, ce qui fait basculer cette substance dans une autre chambre contenant des enzymes. Le mélange est explosif !

Orphelin de père en fils

Les **caméléons *Furcifer labordi***, de Madagascar, ne voient jamais leurs enfants !

Avec le record de vie la plus courte pour des vertébrés à quatre pattes (ils vivent environ quatre mois), ils meurent toujours avant que la génération suivante ne sorte des œufs !

◆

Prenez un chewing-gum

La mauvaise haleine peut aussi être une arme redoutable dans le monde animal (et pas que...).

La **chenille sphinx du tabac** a une haleine si chargée en nicotine, à cause des plans de tabac sauvages qu'elle consomme, qu'elle fait fuir les araignées prédatrices uniquement en respirant !

Tour de contrôle

Le crabe fantôme (*Ocypode*), qui possède une pince plus grosse que l'autre, a une autre particularité étonnante : ses yeux !

Avec leur forme allongée, il peut voir à 360° ! Son seul angle mort est au-dessus de sa tête. Sa vision est si précise qu'il attrape des insectes en plein vol !

Regarde-moi dans les yeux

Aviez-vous remarqué, avant de l'avaler, que la **coquille Saint-Jacques** possède une vision extraordinaire ?

Elle est garnie d'environ deux cent jolis petits yeux très complexes (d'un millimètre de diamètre et ressemblant à une chaîne de perles) constitués de petits miroirs en mosaïque, comme pour les télescopes, ce qui lui donne un champ visuel de 250° lui assurant de bien voir sa nourriture ou son prédateur, l'étoile de mer !

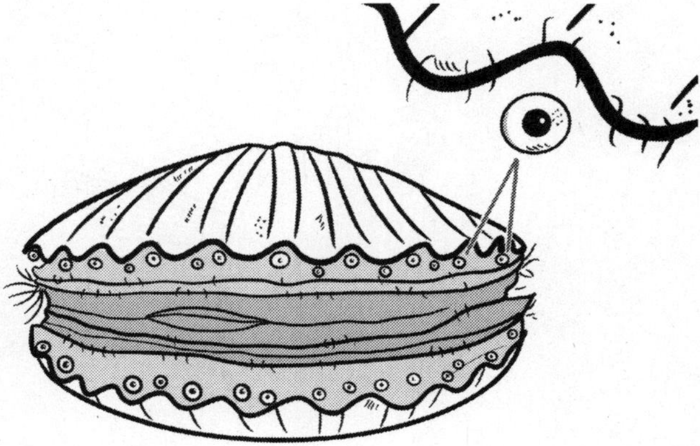

Vision surréaliste

Le cerveau du **caméléon** peut analyser deux images simultanément !

Il peut voir devant et derrière, ou en haut et en bas en même temps ! Il peut même littéralement zoomer avec ses yeux ! S'il repère une proie, il la fixe rapidement du regard, et, comme de minuscules lentilles de téléobjectif, ses yeux zooment pour la voir de plus près.

Cela rappelle l'incroyable **poisson télescope** (*Giganturidae*), qui est un poisson abyssal pouvant grâce à ses fascinants yeux tubulaires observer de très loin la faible bioluminescence de ses proies !

LE SAVIEZ-VOUS ?

Cannibale à l'occasion, le **caméléon commun** mange surtout des insectes. Pour les attraper, il utilise sa langue qui peut être plus longue que son corps, et qu'il projette jusqu'à 96 km/h en un centième de seconde ! C'est assez rapide pour attraper une mouche en plein vol ! Au bout de sa langue, se trouve un bulbe couvert de mucus 400 fois plus visqueux que la salive humaine, permettant au reptile de saisir ses proies pour les ramener à haute vitesse dans sa bouche !

Redoutables abeilles

Les **abeilles à orchidée** (*Euglossini*) sont de magnifiques **abeilles** aux reflets vert brillant qui, lorsqu'elles butinent autour de leurs fleurs de prédilection, les orchidées, forment un superbe nuage vert. Elles pollinisent les orchidées grâce à une langue incroyablement longue qui leur permet de pénétrer très loin dans la fleur.

Mais une particularité de ces **abeilles**, moins sympathique, est que les femelles ont des comportement cleptoparasites, c'est-à-dire qu'elles recherchent des nids d'autres espèces d'**abeilles**, y tuent tous les œufs et les larves et s'approprient leur nid sans vergogne !

En 2007, le CNRS découvrit chez les **abeilles chypriotes** un nouveau système de défense traduisant la dureté de ces insectes. Afin de résister aux attaques de leur prédateur, le **frelon**, les abeilles l'étouffent en le serrant pour bloquer volontairement ses orifices d'entrée d'air et les mouvements respiratoires de son abdomen.

Ce comportement ne doit pas être confondu avec la technique déjà connue des **abeilles asiatiques**, qui consiste à entourer le prédateur en formant une boule et en le tuant par la chaleur produite. Les **abeilles chypriotes** ayant la même température[39] létale que le frelon, elles préfèrent l'étouffer.

Notons d'ailleurs que les **abeilles** peuvent également parfois tuer leur reine[40] ! Si elles détectent que sa production de phéromones diminue, elles savent qu'il faut la remplacer. Elles forment alors une boule autour d'elle jusqu'à l'étouffer ! Cette pratique porte le nom macabre de « câlin de la mort ».

39. Chez la guêpe et le frelon, lorsque la température du nid augmente (chaleur dégagée par la digestion des larves, climat, etc..) des ouvrières appelées ventileuses se postent à l'entrée et battent des ailes très vite (150 battements par seconde) pour refroidir l'air !
40. Saviez-vous que l'on a longtemps cru que les abeilles étaient gouvernées par un roi ? Jusqu'à ce que le scientifique hollandais et passionné de microscope Jan Swammerdam dissèque l'un de ces rois, et découvre qu'il avait... des ovaires !

VOUS EN DOUTIEZ-VOUS ?

Les **abeilles** mâles ne représentent en réalité que 10 % de la population d'une ruche et sont incapables de butiner.

Leur principale fonction est de féconder les reines vierges dans les airs (cela est joliment appelé « le bal des abeilles »), puis ils meurent ou sont chassés de la ruche.

Les abeilles savent momifier des animaux !

Quand un intrus trop gros pour être évacué meurt dans la ruche, un rat ou une souris par exemple, elles le « propolisent » : elles le recouvrent d'une matière à base de propolis pour éviter sa décomposition et ainsi les infections !

D'ailleurs, bien que le **papillon sphinx tête de mort** soit immunisé contre le venin des **abeilles**, et qu'il en profite pour s'infiltrer dans les ruches en chassant les propriétaires avec ses ailes puissantes, il lui arrive de tellement se gorger de miel qu'il ne peut plus sortir. Les **abeilles** en profitent alors pour créer autour de lui une boule compacte et l'étouffent. Elles le « propolisent » alors et se retrouvent avec une nouvelle « momie » dans la ruche.

Le crocodile chasse en noyant ses proies !

Mais pour ne pas se noyer lui, il possède au fond de la bouche un « repli gulaire », un voile qui isole la bouche du pharynx ! De plus, ses narines se ferment automatiquement en plongée et ses yeux se recouvrent d'une membrane translucide.

Il est aussi capable de poser des pièges épatants : après avoir observé que les hérons et les aigrettes recherchent des bâtons pour faire leur nid, des **crocodiles** de Floride ont commencé à collecter des bâtons et à les placer sur leur tête et leur museau, attendant ainsi durant des heures. Lorsque les oiseaux viennent enfin ramasser ses bâtonnets, les **crocodiles** ouvrent rapidement leur gueule pour les capturer !

Les crocodiles peuvent sauter complètement hors de l'eau à la verticale !

Ils font cela simplement à l'aide de leur queue dont ils se servent comme d'une palme pour se projeter en l'air. La puissance de leur queue leur permet également de nager jusqu'à 15 km/h qu'ils atteignent en quelques secondes à peine, et leurs nageoires palmées, quand ils les déplient, leur font faire des virages très rapides sous l'eau !

Inspirez, expirez...

La **tortue peinte** du Canada passe l'hiver en hibernant dans l'eau des rivières ou des lacs. Et bien qu'elle ait des poumons pour respirer l'oxygène de l'air, durant son séjour au fond de l'eau elle respire, elle aussi, grâce à son anus. On appelle cela la respiration cloacale.

C'est aussi ce que fait la célèbre **tortue punk** d'Australie. Mais elle est plus connue encore pour les algues qui lui poussent littéralement sur la tête à force d'être dans l'eau et lui donne cette allure singulière de punk !

Prenez votre temps

Une autre créature qui voit des algues lui pousser dessus n'est autre que le **paresseux** ! Il se déplace si lentement que, dans les régions humides, les algues et les champignons ont assez de temps pour se développer sur lui, ce qui le rend à certains endroits tout vert ! Du coup, cela l'aide à se camoufler dans les arbres lorsqu'il dort.

Ce grand mollasson voit même tout un écosystème se développer sur lui : un seul **paresseux** peut abriter dans sa longue fourrure des milliers de coléoptères et de phalènes (grands papillons nocturnes). L'avantage qu'il en retire est d'autant plus étonnant quand on sait que sa peau peut absorber les nutriments produits par ses petits et multiples hôtes !

Le **paresseux** a un système digestif si lent, qu'il lui faut des jours pour digérer, il peut mettre jusqu'à un mois pour digérer totalement une seule feuille ! Ceci dit, son organisme produit bel et bien du méthane, l'un des composants du pet. Mais au lieu d'être évacué de façon traditionnelle, il est relâché... par la respiration.

Les **paresseux** passent leur vie entière dans les arbres et n'en descendent que pour faire leurs besoins, une fois par semaine ! Arrivés au pied de l'arbre, ils creusent un petit trou, y déposent quelques crottes et remontent aussitôt.

Lorsque le **paresseux à 3 doigts** défèque, il expulse un tiers de son poids ! C'est d'autant plus impressionnant que les personnes assistant à cela voient son ventre rétrécir d'un coup ! Soulagé, il se retourne alors et sourit.

Une fois de retour dans les branches, les **paresseux** ne bougent que lorsque que c'est nécessaire[41]. Ils mangent, dorment et donnent aussi naissance accrochés aux branches. Et même lorsqu'ils meurent, il arrive qu'ils restent pendus à leur branche…

Si vous deviez passer votre vie suspendue comme un **paresseux**, vos organes internes exerceraient une pression sur vos poumons rendant difficile la respiration. Et pour le **paresseux** alors ?! Eh bien il a carrément ses organes, foie, estomac, rate, cœur… sur les côtés !

La plupart des mammifères doivent se retourner complètement pour découvrir ce qui se cache derrière eux, mais pas le **paresseux à 3 doigts** : il possède neuf vertèbres cervicales lui permettant une rotation de la tête de… 270° ! Il peut regarder derrière lui comme si sa tête été complètement dévissée !

---

41. Le paresseux, animal extrêmement lent dans tout ce qu'il fait, ne met pourtant que quelques secondes pour s'accoupler !

T'as avalé ta langue ?!

Le crocodile est incapable de sortir sa langue, car elle est plaquée au plancher de sa gueule.

D'ailleurs, les toutes dernières études comparatives menées sur les os de dinosaures, semblent montrer qu'en réalité, le tyrannosaure et bien d'autres ne pouvaient pas sortir leur langue non plus, tout comme les alligators et les **crocodiles** ; elle était collée au plancher de leur gueule.

Imaginiez-vous que la mâchoire du **crocodile** est plus sensible au toucher que l'extrémité des doigts humains ! C'est cela qui lui permet de porter ses petits dans sa gueule très délicatement.

Le **crocodile** est un colosse pour fermer la mâchoire (avec une pression de 2 tonnes/cm^2) ; mais ses muscles pour la rouvrir sont très faibles, si bien qu'un Homme peut la maintenir fermée uniquement avec les mains !

Chanteuses prolifiques

Chaque année, les **baleines à bosse** du Pacifique sud migrent en Antarctique. Mais en cours de route, elles font une intrigante escale aux îles Kermadec, un archipel dans l'ouest du Pacifique sud, faisant parfois même pour cela d'énormes déviations ! Une fois sur place, elles échangent entre elles des chansons qu'elles propageront lors de la suite de leur voyage vers leurs lieux d'hivernage.

De la même façon, il existe en plein milieu de l'océan Pacifique, un endroit où les **requins blancs côtiers**, tous les ans, se retrouvent. Ce repaire secret, qui intrigua longtemps les chercheurs, fut appelé le

Requin blanc café. On ne connaît toujours pas vraiment la raison qui les pousse à se retrouver comme cela au milieu de nulle part.

En ce qui concerne les **baleines**, notons qu'au fil des années, ses chants deviennent de plus en plus graves, et on ne sait toujours pas pourquoi. Certains avancent que le chant de séduction du mâle ne serait plus aussi bien perçu à cause de la pollution sonore des océans[42].

Les **baleines boréales** sont elles aussi des compositrices prolifiques ! Après quatre ans d'enregistrements, des chercheurs ont identifié chez elles environs 200 chants différents et tous très complexes ! Et chaque année, leur répertoire est totalement renouvelé !

42. En 50 ans, non seulement le nombre d'animaux « musiciens » dans la nature a baissé, mais le volume de leurs chants aussi. Appelée « biophonie », les chants des oiseaux, hurlements des loups, ou sons des insectes sont étouffés par les activités humaines.

Mais même si les baleines sont les divas des océans, elles ne sont pas les seules à chanter sous l'eau ! L'université de Curtin en Australie a capté durant 18 mois des sons mélodieux, émis à l'aube et au crépuscule, par des « **poissons-chanteurs** », en solo ou en chœur, pour chasser et se reproduire. C'est le but de leurs chants : ils les produisent pendant qu'ils chassent, ou bien pour faire la cour. Leurs sons varient : *l'**Argyrosomus regius*** « rugit », le **poisson-tigre Goliath** « grogne », et la **drépane ponctuée** émet un son ressemblant à « ba-ba-ba ».

Message secret

L'éléphant peut communiquer grâce à des sons si graves, que l'humain ne peut pas les entendre !

Ces sons dit « infrasoniques » sont réceptionnés par les autres **éléphants** à des kilomètres ! Les familles d'**éléphants** sont ainsi en contact, même à distance.

L'**éléphant** sait aussi envoyer un message à ses congénères en frappant le sol : les ondes sismiques se propagent sur des kilomètres par l'air et le son bien plus loin via la terre. Le troupeau reste ainsi coordonné.

Il est également doté d'une ouïe hors du commun : il peut entendre les nuages ! Il est en effet capable d'entendre les infrasons qu'ils génèrent, ce qui lui permet de les suivre (et donc de suivre la pluie) pour trouver les endroits où l'herbe est la plus verte. Le bout de sa trompe est constitué de petites cellules capables de détecter les plus petits mouvements. Par exemple, on estime qu'il peut détecter les vibrations provoquées par un orage à plus de 100 km !

Les éléphants sont d'excellents nageurs !

Avec leurs pattes puissantes et leur trompe qui leur sert littéralement de tuba, ceux d'Afrique peuvent nager 48 km durant 6 heures non-stop ! En Inde, aux Îles Andaman-et-Nicobar, on voyage même grâce à eux d'une île à l'autre. Grâce à la poussée d'Archimède qui l'aide à flotter, l'**éléphant** nage en bougeant ses pattes comme s'il marchait.

INSTANT MIGNONNERIE

Saviez-vous que les **éléphanteaux** sucent leur trompe exactement comme les bébés humains sucent leur pouce ? Cela les réconforte, mais leur apprend aussi à bien la maîtriser.

Arbres à câlins

Les **koalas** font des câlins aux troncs d'arbres pour rester frais lorsqu'il fait chaud !

Les images thermiques des chercheurs ont montré qu'ils transféraient ainsi la chaleur de leur corps à l'arbre ! Notons que le **koala** possède une glande pectorale odorifère, visible une fois qu'on le sait, qu'il frotte contre les arbres pour marquer les frontières de son territoire.

De plus, avec une moyenne de 20 heures de sommeil par jour (les 4 heures restantes étant consacrées à manger des feuilles et parfois à s'accoupler), le koala, qui vit quinze ans, passe en réalité plus de douze ans de sa vie endormi !

Incroyable !

Les empreintes digitales des **koalas** sont extrêmement proches de celles des humains. Sur une scène de crime par exemple, on les confondrait !

Gros dormeur

On ne peut que penser au **chat** qui lui aussi est un gros dormeur, passant en moyenne 16 heures par jour au pays des rêves (comme le bébé humain), soit les deux tiers de sa vie. Cela signifie que si votre chat a 9 ans, il n’est resté éveillé que 3 ans...

Fin gourmet… ou pas

Les **koalas** sont équipés de pas moins de 24 gènes associés au goût amer. C'est ce qui les aide à trouver les feuilles d'eucalyptus les plus nutritives et les moins toxiques.

En ce qui concerne leur digestion, elle nécessite que les aliments passent deux fois à travers le tube digestif : après le premier passage, le **koala** ingère ses excréments pour en extraire les éléments qui n'ont pas pu être assimilés la première fois. Ce comportement s'appelle la cæcotrophie, et se retrouve chez d'autres animaux comme les lapins, les castors ou les musaraignes.

◆

Diviser pour régner

L'étoile de mer *Nepanthia belcheri* peut se diviser en deux pour former deux nouveaux individus !

Une femelle se scinde en deux et les deux nouvelles entités deviennent des mâles. Puis lorsque ces derniers retrouvent une taille semblable à celle d'origine, ils deviennent femelles.

Les fantastiques **vers planaires** sont également connus pour leur incroyable faculté à se reconstituer.

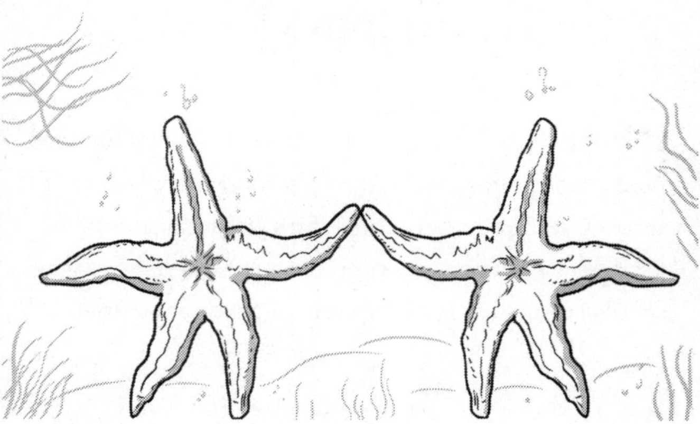

Quelques jours à peine après une blessure, le morceau sectionné repousse totalement : si le **ver** est coupé en deux, la partie avec la tête reforme une queue et la moitié avec la queue régénère une tête[43] ! Il retrouve même ses « souvenirs », c'est-à-dire ses expériences acquises !

Et si certains fragments n'ont ni queue ni tête, il « savent » de quel côté ils doivent faire repousser la tête et la queue !

◆

25 jours !

C'est le temps dont a besoin le **gecko léopard** (*Eublepharis macularius*) pour régénérer complètement sa queue après s'en être volontairement séparé pour échapper à un prédateur ! Ce phénomène cellulaire épatant reste encore en partie mystérieux.

---

43. Récemment, après avoir perdu leur tête, des vers planaires furent amenés en fusée à bord de la station spatiale internationale. À leur retour sur Terre, l'un d'eux s'est alors régénéré... avec deux têtes ! Une à chaque extrémité ! Les chercheurs pensent que cela est dû à une perturbation engendrée par le manque de gravité.

Super cafard !

Un **cafard** peut vivre 15 jours sans eau, 1 mois sans nourriture, 40 minutes sous l'eau, et 9 jours sans tête ![44] Oui, sans tête ! Comme le système nerveux des cafards dépend de nodules nerveux répartis dans chaque segment de son corps, et que celui de la tête n'est pas le plus important pour la gestion de l'ensemble, le **cafard** continuera de vivre sans tête plusieurs jours. Il mourra par contre de faim. De plus, même la tête coupée peut être maintenue en vie si elle est réfrigérée et nourrie !

Un bébé **cafard**, qui n'est pas plus gros qu'un grain de poussière, peut déjà se déplacer aussi vite que ses parents !

44. Les cafards qui naissent dans l'espace (conçus à bord d'un satellite en 2008) sont plus forts, plus rapides et plus résistants encore que leurs congénères terrestres !

Reste au sec

Lorsque le **tardigrade** (ou ourson d'eau) est placé en conditions hostiles, il utilise une botte secrète : il se met en cryptobiose !

Il se recroqueville, et déshydrate presque complémentent son organisme. Il peut se réveiller en étant réhydraté, et cela, même des décennies plus tard !

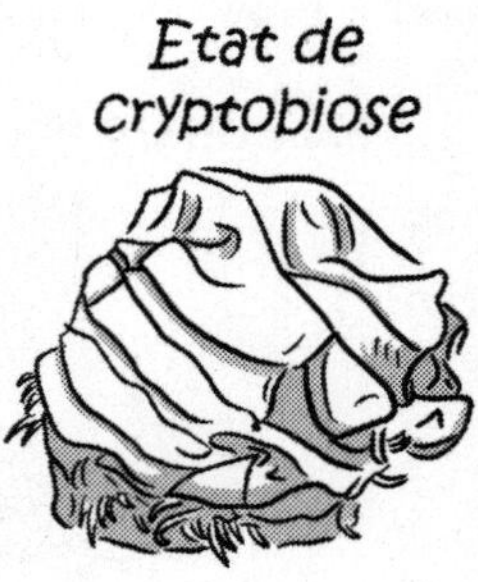

Le **tardigrade** est également capable de survivre :

• aux rayons X extrêmes ;

• au vide spatial[45] ;

• au jeûne sec pendant dix ans ;

• congelé au 0 absolu (des spécimens ont été congelés durant 31 ans et ont été réanimés avec succès) ;

• chauffé à 150°C (plusieurs minutes), ou refroidi à – 272°C ;

• soumis à une pression de 300 fois celle de l'atmosphère !

Bien que minuscule (il mesure 1 mm), c'est l'animal le plus résistant de la planète !

---

45. Depuis que la sonde Beresheet s'est crashée sur la Lune en avril 2019 avec une capsule contenant 1000 tardigrades, ces animaux « indestructibles » et résistants au vide spatial sont peut-être devenus les premiers résidents permanents de la Lune !

Survivants de l'extrême

Le micro-organisme du nom de **Souche 121** a été nommé ainsi car il arrive à vivre à... 121°C !

Cet hyperthermophile (qui se développe en environnement extrêmement chaud) vit au fond de l'eau où elle émerge du plancher océanique chauffée à l'extrême par le magma !

Le criquet ***Caconemobius*** est lui aussi capable de vivre dans un milieu aussi inhospitalier que de la lave fraîche ! Il est la première forme de vie multicellulaire connue à vivre dans de telles conditions. Mais comment fait-il ?! C'est encore un mystère.

Un autre « survivant de l'extrême » est le **rat-taupe nu**. Cet animal a en effet un « superpouvoir » : il ne ressent pas la douleur ! Il ne produit pas de neurotransmetteurs de la douleur (substance P) et ne réagit ni aux brûlures, ni à l'acide, ni à aucune autres agressions. Il peut vivre 30 ans !

Vieillir, mais garder l'apparence d'un jeune ?

C'est précisément ce qui se passe pour l'***Ambystoma mexicanum***, plus connu sous le nom d'**axolotl**. C'est un cas particulier de « néoténie » : garder une forme juvénile, alors qu'on est adulte (on retrouve cela chez la femelle du ver luisant) !

L'**axolotl** peut également régénérer jusqu'à 100 fois un membre coupé, sans aucune trace de cicatrice, et peut survivre à une greffe complète de la tête ! Il est aussi 1000 fois plus résistant au cancer que les mammifères.

La **mouche du pétrole** est le seul insecte capable de survivre… dans le pétrole !

Ses asticots nagent joyeusement dans les mares de pétrole puis, adultes, les **mouches** s'y nourrissent d'insectes morts. Il s'avère que leur intestin digère parfaitement l'asphalte !

◆

Réserve alimentaire

Imaginiez-vous que les **taupes** se préparent pour l'hiver en stockant dans leurs terriers des vers de terre… vivants ?

Elles les immobilisent en mordant dans leur segment de tête, puis les tiennent prisonniers dans une de leurs chambres où elles iront les manger un à un.

◆

Le nez le plus sophistiqué du monde !

Le **condylure étoilé** (*Condylura cristata*) est une taupe d'Amérique du Nord, aveugle mais doté d'un nez en « étoile », une sorte de main hyper sensible avec 22 petits doigts (il peut toucher et différencier 12 objets différents par seconde) capables de prouesses infinies !

Son nez, organe le plus sensible du règne animal, est équipé de 250 000 récepteurs sensoriels (une main humaine n'en a que 17 000), lui permettant d'identifier ce qu'elle touche en 7 fois moins de temps qu'un clignement d'œil ! Il détecte une proie, l'analyse et la mange en seulement 8 millisecondes, faisant de lui l'animal le plus rapide du monde pour chasser et manger sa nourriture.

Cette super-taupe est même l'un des seuls mammifères au monde capable de sentir ses proies sous l'eau ! Elle génère des bulles d'air qu'elle inhale ensuite pour y analyser les molécules olfactives.

Le premier qui bouge

La salamandre des grottes (*Protée anguillard*) ne bouge pas beaucoup.

En moyenne, ces animaux parcourent moins de 10 mètres en une décennie ! Les scientifiques ont même identifié un individu qui n'a pas du tout bougé pendant 7 ans ! Il peut aussi rester 10 ans sans manger, et peut vivre jusqu'à 100 ans. Il est communément appelé le « poisson humain », à cause de sa peau couleur chair qui ne voit jamais le soleil dans les grottes obscures où il vit[46].

46. Les *Protées anguillard* n'ont longtemps été vus que quand les crues les portaient à l'extérieur de leurs grottes. Les habitants des environs juraient alors que c'était des bébés dragons, et personne n'osait pénétrer dans les grottes !

Complètement fou !

Lorsqu'à 30 mètres de haut le **fou de Bassan** repère une proie, il plonge droit sur elle et, juste avant de toucher l'eau, rabat ses ailes, adopte une forme hydrodynamique, et pénètre dans l'eau tel un missile à plumes à une vitesse d'environ 100 km/h ! Une fois dans l'eau, il peut battre des ailes pour continuer de descendre plus profond sous la surface, jusqu'à 12 mètres.

Les marins l'observant faire ces formidables plongeons ne comprenaient pas qu'il ressorte de l'eau toujours sans rien dans le bec ! Ils se disaient qu'il devait être « fou » pour faire cela sans jamais rien pêcher...

Ce n'est que plus tard qu'on comprit qu'en réalité, il ne ratait absolument pas ses cibles, bien au contraire, mais qu'il les avalait directement sous l'eau[47], avant même de remonter à la surface.

◆

Les bras m'en tombent !

Le bras de la **salamandre commune** est composé d'os, de muscles, de ligaments, de tendons, de nerfs et de vaisseaux sanguins. Il est anatomiquement semblable au bras de l'homme. Sauf que celui de la salamandre, s'il est coupé, repousse spontanément !

◆

47. Le saviez-vous ? On ne peut pas envoyer d'oiseaux dans l'espace car, contrairement aux humains, il leur est impossible d'avaler en apesanteur. La grande majorité des oiseaux ont pour œsophage un simple conduit de descente et utilisent la force de la gravité pour avaler.

Se faire pigeonner

Les oiseaux sont réputés pour chasser le poisson, mais est-ce que des poissons chassent des oiseaux ?

Oui ! Sur le bord du Tarn, à Albi, la chasse au pigeon est ouverte… pour le poisson **silure** ! Chose rare et étonnante en effet, ce poisson d'eau douce se nourrit à 80 % de pigeons, qu'il capture en s'échouant volontairement sur les berges.

Robin des bains

Le **toxote**, ou « poisson-archer », est capable de cracher un jet d'eau particulièrement précis pour faire chuter sa cible et la gober ! Lorsqu'il aperçoit, grâce à ses grands yeux positionnés près de la bouche et lui offrant une bonne vision binoculaire, un insecte posé sur une feuille ou une branche hors de l'eau, il se positionne, forme un conduit avec sa langue qu'il roule contre son palais, et envoie un puissant jet d'eau pouvant atteindre sa proie jusqu'à 3 mètres de distance !

Tir à l'arc !

Après avoir fait une toile en triangle, l'ingénieuse araignée ***Hyptiotes cavatus*** tend un des fils tout comme on tendrait un arc, et maintient la tension ! Quand une proie arrive, elle lâche tout et subit une forte accélération exactement comme une catapulte ! D'après les chercheurs, c'est la première fois que cette technique (utiliser un mécanisme externe afin de démultiplier sa force musculaire, comme un arc ou une catapulte) est scientifiquement décrite pour une espèce autre que les humains !

◆

Des ailes sophistiquées

Loin d'être des membranes sans vie, les ailes du **papillon** contiennent en réalité un réseau de cellules sensibles aux températures et pouvant rapidement chauffer ou refroidir, lui permettant ainsi de déterminer précisément d'où vient la lumière du soleil.

Les ailes des libellules **odonates** (*Odonata*) sont antibactériennes !

Bien qu'une bactérie soit minuscule, les ailes de **libellule** possèdent des milliards de « doigts » encore plus petits qui la piègent. Leur prise est si forte que la bactérie se déchire littéralement si elle fuit.

Les papillons « trouvent l'amour » au premier parfum !

Lorsqu'un mâle capte les signaux chimiques envoyés par une femelle, il peut parcourir des kilomètres, volant et luttant contre les vents, jusqu'à arriver à la femelle précise dont il avait capté les phéromones.

Cependant, de tragiques rencontres ont parfois lieu... Certaines **araignées** terriblement rusées, imitent les phéromones des **papillons** femelles ! Après un long et stressant périple pour arriver jusqu'à sa conquête, le mâle tombe alors finalement sur... une araignée !

◆

Paréidolie

Diaethria est un genre de papillon, visible du Mexique au Paraguay, communément appelé « papillon 89/98 », à cause des motifs sur ses ailes.

Il n'est pas rare de trouver des motifs rappelant des formes familières aux humains (appelé paréidolie) sur les animaux.

Par exemple, l'« *happy face spider* » (*Theridion grallator*) est une **araignée** d'Hawaï dont les motifs rappellent un visage souriant, ou encore le motif ornant l'abdomen de ***Synema globosum*** lui vaut tout naturellement le nom d'« araignée Napoléon », et celui sur l'abdomen de l'araignée ***Araneus mitificus*** rappelle le logo de la marque Pringles.

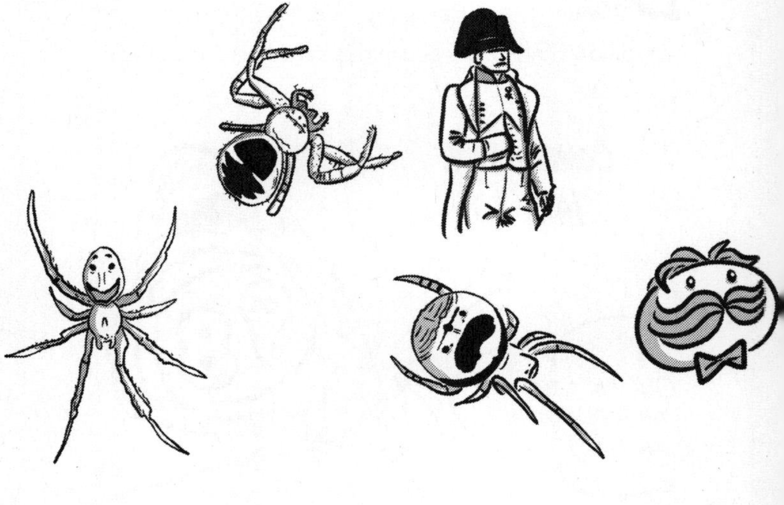

Macrocilix maia est un papillon de nuit dont les ailes présentent deux motifs symétriques ressemblant de façon spectaculaire à des mouches se nourrissant d'excréments d'oiseaux ! Pour pousser le camouflage à fond, il dégage même une odeur de fiente.

De même, la chenille du **Papilio lowi** décourage ses prédateurs de la manger en prenant l'apparence d'une fiente d'oiseau ! Pour pousser la ressemblance à fond, elle émet également une forte odeur nauséabonde.

Super cerveau

L'université de Sheffield a fait remarquer que le fonctionnement des essaims d'**abeilles** s'apparente à celui d'un « cerveau géant » dans lequel chaque **abeille** agit comme un neurone. Lorsqu'elles collaborent en colonie, elles prennent des décisions comme un unique organisme, une seule entité.

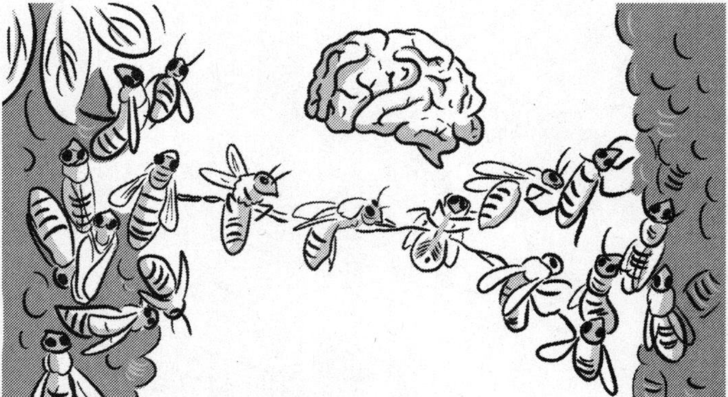

Le problème du voyageur de commerce

Imaginez qu'en une journée de shopping, vous deviez aller dans six boutiques, situées chacune à six endroits différents de la ville. Quel est le chemin le plus court et par quelle boutique commencer pour optimiser ce trajet ? Sacré calcul, et même un ordinateur ne pourrait le résoudre aussi bien... qu'un **bourdon** ! Le **bourdon**, malgré son cerveau pas plus gros qu'une minuscule graine, est capable de déterminer le trajet le plus court possible entre six bouquets de fleurs à six endroits différents, et c'est le seul animal connu capable de faire cela aussi bien !

Les abeilles comprennent le concept de zéro !

Grâce à de petites plaquettes blanches possédant un nombre défini de ronds noirs (deux ronds noirs pour le chiffre 2, 4 ronds noirs pour le chiffre 4, etc.), les **abeilles** ont été entraînées aux concepts de « plus grand que » et « plus petit que » grâce à une association de l'image et de récompense. Lors de l'expérience, les **abeilles** devaient choisir l'image avec le moins de points pour accéder à une récompense sous forme d'eau sucrée. L'équipe du centre de recherches sur la cognition animal du CNRS/université Toulouse III, a ensuite introduit deux nouveaux chiffres : le 1 et le 0. Elles ont alors montré qu'elles comprenaient que 0 était moins que 1 ! Cela est tout à fait remarquable, car le zéro, symbolisant le rien ou l'absence, est une construction humaine relativement récente, et la preuve que les insectes sont capables d'abstraction mathématique fut donnée pour la première fois en 2018.

Ajoutons que les guêpes ***Polistes dominula*,** sont les seuls insectes connus qui puissent « comprendre » le principe d'inférence transitive : c'est à dire qu'elles arrivent à déduire que si A est supérieur à B, alors B est supérieur à C et donc A est supérieur à C.

La couturière à longue queue (*Orthotomus sutorius*) sait vraiment coudre !

Elle prend une grande feuille d'arbre, puis avec son bec, elle perce délicatement des trous dans les bords opposés. Elle se procure ensuite de la soie d'araignée, qu'elle trouve dans les cocons, puis tire le fil au travers des trous plusieurs fois, jusqu'à que la feuille se courbe et forme un petit cône, dans lequel elle peut construire son nid !

L'architecte amoureux

Le petit oiseau jardinier brun (*Amblyornys inornata*) est capable de la plus belle construction architecturale pour séduire sa belle.

Il bâtit avec une précision époustouflante une grande et magnifique hutte de près d'1,50 m de diamètre et d'1 m de haut, en forme de cône, dont il décore minutieusement l'entrée avec des fruits colorés et des fleurs de saisons. Ce petit château forestier ne laisse rien au hasard, car notre petit **jardinier brun** s'assure qu'il y ait une bonne perspective forcée (impression de profondeur) pour se garantir d'impressionner encore plus sa future conquête. Et lorsque des scientifiques déplacèrent volontairement, lors d'une expérience quelques éléments de la construction, l'oiseaux les remis exactement à la bonne place, assurant qu'il avait bien un plan architectural précis en tête.

À l'arrivé d'une femelle, il entre vite dans sa hutte, se couche au sol et se met à chanter. Puis il ressort pour voir ce que fait la femelle, et entre à nouveau pour recommencer jusqu'à ce qu'elle le rejoigne à l'intérieur.

Certaines chenilles sont également de merveilleuses « micro-architectes » !

Elles construisent de magnifiques petites cabanes en rondins, étonnamment symétriques et élégantes, leur permettant d'y grandir en sécurité. D'autres créent de jolies petites « cages à chrysalides » avec des poils de chenille et de soie, formant une forteresse relativement protectrice mais toujours très gracieuse.

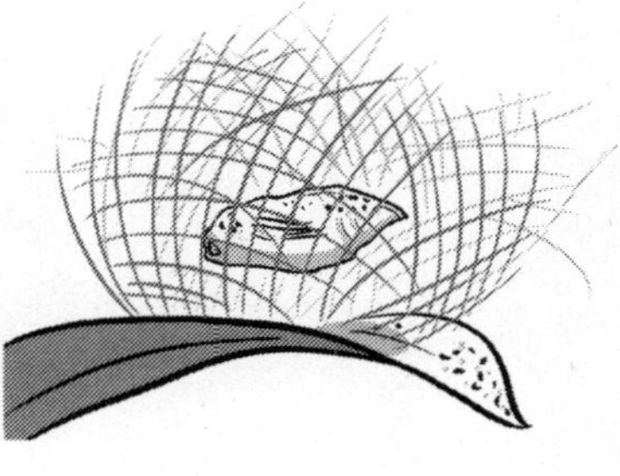

La jalousie est-elle propre aux humains ?

Une étude réalisée en 2014 par des psychologues de l'université des San Diego a confirmé que notre **chien** ressent de la jalousie lorsqu'on caresse d'autres **chiens**. Lors de l'expérience, des maîtres ont dû faire semblant de s'intéresser à de faux **chiens** électroniques aboyant et remuant la queue. Les vrais **chiens** s'interposaient alors et le scanner auquel ils étaient reliés montra une activation du complexe amygdalien, comme cela se produit dans l'encéphale humain lorsque ce dernier est jaloux.

Un regard suffit

Le regard prolongé entre deux humains provoque la sécrétion d'ocytocine, un neuropeptide qui joue un rôle dans la confiance, l'empathie... Et bien il a été démontré le même effet chimique entre le **chien**[48] et l'humain : lorsque l'on regarde son **chien** dans les yeux, une production d'ocytocine apparaît, autant chez l'animal que chez son propriétaire. C'est le même processus que celui que ressentent une mère et son enfant quand ils échangent un regard.

L'étude d'images cérébrales sur les **chiens** montre qu'ils aiment autant recevoir de simples félicitations et caresses de leur maître, que des friandises à manger.

48. Les tests avec les loups sont eux négatifs.

Bravo !!

Lorsque le mot « bravo » est dit par le maître à son **chien** sur un ton neutre, seul l'hémisphère gauche du **chien** s'active pour reconnaître le sens du mot. Par contre, lorsque le mot « bravo ! » est dit avec une forte intonation, l'hémisphère droit, servant à analyser l'intonation s'active aussi en plus du gauche pour le sens ; l'addition des deux activent alors la zone de plaisir qui ne l'était pas dans le premier cas.

Les imageries cérébrales montrent également que le **chien** considère vraiment son maître comme sa famille. Que l'odeur de son maître est privilégiée à toute autre, et qu'il est très sensible aux émotions, même subtiles présentes dans la voix humaine.

Nous partageons avec les **chiens** le fait de mal dormir lorsque nous avons des problèmes. Des tests récents ont démontré qu'ils se réveillent eux aussi la nuit, inquiets, lorsqu'ils ont eu des situations stressantes la journée.

LE SAVIEZ-VOUS ?

Le **caniche** était à l'origine un chien utilisé pour la chasse ! Il allait récupérer les canards dans l'eau (son nom vient de « cane », la femelle du canard). C'est pour cela qu'il était tondu en « lion », pour optimiser sa nage mais aussi son allure de chasseur.

Invisibilité

On sait que le **chien** place sa queue entre ses jambes lorsqu'il est apeuré... mais il y a une raison précise à cela : il plaque sa queue sur ses glandes anales afin de masquer ses informations odorantes. Il se rend alors « invisible » aux autres truffes !

Un autre geste commun chez le **chien** est le fait d'uriner en levant la patte. Pourquoi fait-il cela ? Si la plupart des **chiens** urinent en levant la patte, c'est pour que ce marquage olfactif (destiné à informer ses congénères) soit tout simplement déposé directement à hauteur de truffes des autres **chiens**. D'ailleurs, le fait d'uriner sur des supports verticaux n'est

pas un hasard non plus, cela permet à l'urine de disparaître moins vite, à cause de la pluie par exemple, et garder le marquage plus longtemps.

L'université Cornell a même expliqué que les petits **chiens** mâles trichent[49], en urinant plus haut que leur taille ! Les traces d'urine donnent des informations sur leur hauteur (taille, gabarit, etc.) et les petits trompent leur monde en exagérant l'angle de visée.

49. Une étude menée par l'université de Portsmouth a conclu que les chiens sont plus susceptibles de voler de la nourriture dans l'obscurité, car ils ont compris que les humains ne voient pas bien en basse lumière.

Les lycaons (*Lycaons pictus*) « votent » en éternuant !

Lorsque la meute est réunie, si l'un d'eux « éternue » (en produisant un souffle sec par le nez), il faut alors qu'au moins trois autres **lycaons** fassent de même pour décider le groupe à partir chasser ! Sinon, ils restent tous sur place. Si c'est un membre dominant qui commence à éternuer pour proposer d'aller chasser, trois autres éternuements différents suffiront à convaincre le groupe, mais si c'est un membre moins dominant, une dizaine d'éternuements sera nécessaire pour valider le départ !

Le **lycaon** détient un des plus hauts taux de réussite à la chasse du règne animal : environ 80 % ! Par comparaison, le taux de réussite de la lionne est d'environ 30 %, et du tigre 10 %.

Justicière des mers

La **baleine à bosse** est régulièrement observée en train de protéger d'autres espèces d'animaux de leurs attaquants (comme le phoque de l'orque) sans que cela ne lui soit d'un quelconque avantage. On ne sait pas encore précisément pourquoi elle le fait.

Par contre, c'est elle-même une chasseuse redoutable et elle utilise une technique d'attaque des plus astucieuses : elle nage en spirale vers le haut tout en libérant des bulles, ce qui crée une barrière visuelle pour les poissons qui se retrouvent emprisonnés au milieu de ce « filet ». Elle n'a plus qu'à les engloutir !

Le grand bleu

La fréquence cardiaque de la plus grande créature existant sur Terre (c'est l'animal le plus gros et le plus lourd de tous les temps : environ 33 m de long et pesant jusqu'à 200 tonnes) est vraiment hors normes : la **baleine bleue** peut abaisser sa fréquence cardiaque de 37 battements par minute à seulement 2 battements lorsqu'elle plonge pour se nourrir !

Notons au passage que le cœur d'une **baleine** est aussi gros qu'une Volkswagen Beetle !

La fantastique **méduse à crinière de lion** mesure de 50 cm à 2 m de diamètre mais pour une longueur de 40 m ! Elle est donc plus longue qu'une baleine ! Le plus long des animaux connus est le **ver lacet** (*Lineus longissimus*) avec une longueur allant jusqu'à 60 m !

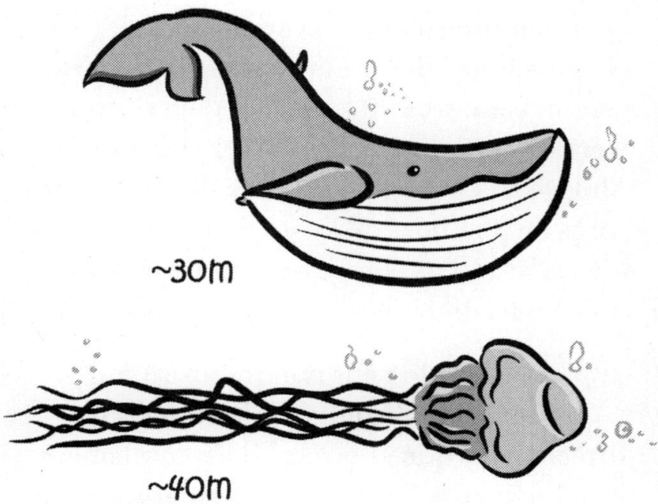

LE SAVIEZ-VOUS ?

La **môle** (du latin *mola*, « meule ») ou poisson-lune (car gros comme la lune) est le plus lourd des poissons osseux : il pèse en moyenne 1 000 kg ! On a déjà capturé certains spécimens de 3,30 m et 2 300 kg. Malgré son poids, il sait faire des bonds de près de 3 m hors de l'eau. Sa longévité en liberté et sa croissance ne sont pas connues et cette dernière ne semble jamais s'arrêter.

La femelle peut pondre jusqu'à 300 millions d'œufs, qu'elle déverse directement dans l'océan. Il est totalement inoffensif et se laisse facilement approcher par l'Homme.

Sacré biberon

La première année du bébé **baleine bleue** est caractérisée par une prise de poids extraordinaire : il grossit de 4 kg par heure ! Soit 1 kg toutes les 15 minutes ! Cela est dû au fait qu'il assimile 90 % des 100 kg de lait maternel qu'il boit chaque jour !

Gentils géants

Bien que le bébé **baleine bleue** deviendra le plus grand animal du monde, une fois adulte, il ne peut rien avaler de plus gros qu'une balle de volley ! En effet, son œsophage fait environ 20 cm de diamètre. Ce colosse des mers se nourrira toute sa vie exclusivement de tous petits krills. Il peut en avaler jusqu'à 500 kg en une seule bouchée. Il aspire une énorme quantité d'eau qu'il dirige vers ses fanons, des sortes de grandes moustaches de kératine accrochées perpendiculairement à la mâchoire, lui servant de véritables tamis pour filtrer le krill.

LE SAVIEZ- VOUS ?

Les plus grandes « mains » du monde !

On ne le voit pas au premier abord, mais, comme l'Homme, la **baleine** possède des doigts !

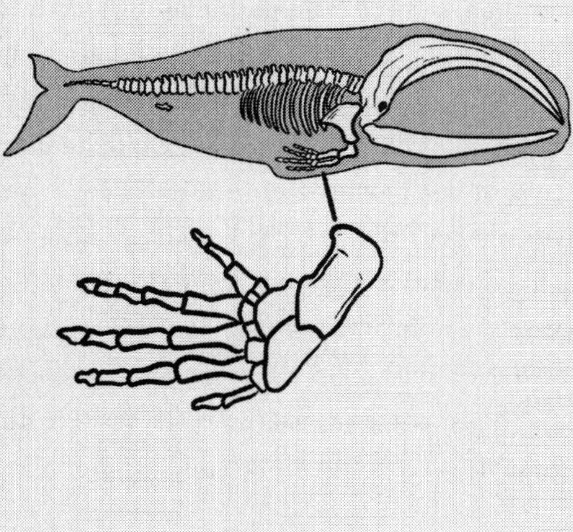

Bouchons de cire

Les baleines ont des bouchons de cire d'environ 30 cm dans les oreilles !

Quel intérêt pour la science ? À des fins d'études, on peut s'en servir pour déterminer l'environnement où elles ont évolué, mais aussi pour connaître leur âge, comme pour les arbres !

◆

L'écolo des mers

Les excréments de **baleines** contribuent à l'absorption d'énormes quantités de CO_2. Flottant à la surface, ils servent de nourriture aux phytoplanctons qui absorbent environ 37 milliards de tonnes de CO_2 par an, autant que 1 700 milliards d'arbres (soit 4 fois la forêt amazonienne). C'est pourquoi les spécialistes rappellent que l'élimination des **baleines** au XXe siècle a fait disparaître des centaines de milliers « d'éponges à CO_2 ».

De plus, comme la **baleine** se nourrit de phytoplancton, elle accumule du carbone dans son corps tout au long de sa vie et, quand elle meurt et tombe au fond de l'océan, elle piège environ 33 tonnes de CO_2, supprimant ce carbone de l'atmosphère pendant des siècles.

Sa carcasse fournit également alors aux habitants des fonds marins une source de nourriture soudaine et immense ! Elle devient aussi l'habitat de tout un écosystème pour plusieurs décennies ! La faune qui s'y réfugie est très riche, et certaines espèces ne vivent même que là et nulle part ailleurs. On compte en tout plus de 400 espèces animales qui se nourrissent des carcasses de **baleines**.

◆

On rentre à la maison

Le crocodile, plus grand reptile de la planète[50], possède un instinct de retour et un sens de l'orientation hors norme !

Déplacés à plus de 400 km de leur territoire par hélicoptère, des **crocodiles** australiens ont su retourner à leur emplacement d'origine en moins de trois semaines !

Excellente digestion

Le crocodile possède un estomac extrêmement acide qui peut digérer les carapaces, les os et même les sabots et les cornes de ses proies !

Comme il mange littéralement des pierres (qu'il ne digère par contre pas), elles l'aident à écraser et mieux digérer sa nourriture (des proies entières le plus souvent) dans son estomac.

50. Les alligators peuvent continuer de grandir pendant plus de trois décennies ! En effet, beaucoup n'atteignent pas leur taille maximale avant l'âge de 33 ans.

Grâce au gras stocké dans sa queue et le long de son dos, un **crocodile** peut rester sans manger durant deux années entières !

Voici à quoi ressemble un squelette de **tortue**

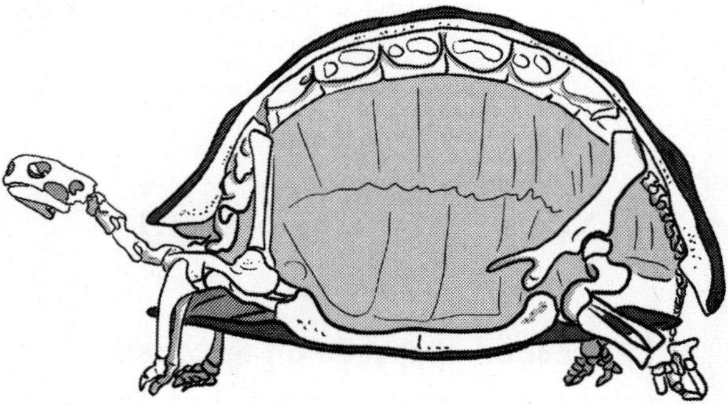

L'animal le plus heureux du monde

Le **quokka** est surnommé ainsi à cause de son expression faciale toujours souriante[51]. D'autres animaux présentent aussi un « sourire » naturel et permanent, comme le dauphin, l'axolotl, en encore la tortue matamata.

Le **samoyède** est un chien qui donne lui aussi toujours l'impression de sourire de par la position des commissures de ses babines et de ses yeux. Il est d'ailleurs toujours joyeux et, manquant complètement de méfiance, ne peut être utilisé comme chien de garde.

51. Lorsque le capitaine Willem de Vlamingh observa des quokkas pour la première fois sur une île d'Australie en 1696, il les prit pour d'énormes rats ! Il nomma alors l'île Rottnest Island (traduit « île Nid à rats »), qui s'appelle d'ailleurs toujours ainsi.

Des leurres efficaces

Les larves de la **moule Lampsilis** ne se développent que dans un poisson hôte. Pour les y introduire, la **moule** modifie son manteau en un leurre incroyablement ressemblant à un petit poisson ! Lorsqu'un prédateur le mord, un nuage de larves est libéré et entre par ses ouïes. Juste avant la phase finale de leur croissance, les larves sortent du poisson hôte et s'enfouissent dans le lit de la rivière où elles passeront leur vie, jusqu'à ce qu'elles fabriquent à leur tour un petit leurre avec leur coquille…

Deux phobies en une ! ***Pseudocerastes urarachnoides*** est une **vipère** endémique d'Iran, appelée « vipère à queue d'araignée », dont le bout de la queue

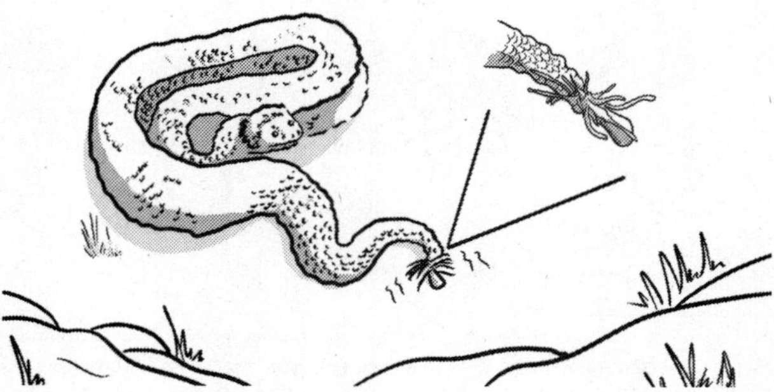

lui sert de leurre pour attirer ses proies : elle a la forme d'une araignée. La **vipère** commence par se fondre dans le décor grâce à la couleur de sa peau et agite doucement le bout de sa queue... Les oiseaux, croyant attraper l'arachnide, se font alors dévorer en un clin d'œil !

Il existe une forme de leurre chez les insectes très pointue : le myrmécomorphisme ! C'est la capacité spécifique à imiter une fourmi. Cela permettrait à une espèce inoffensive d'adopter la forme d'une espèce nocive pour décourager les prédateurs. Plus de 2000 araignées le font, certaines levant même leurs pattes avant pour imiter les antennes !

Avatar

Cette minuscule **araignée** péruvienne de 5 mm sait bluffer son monde d'une façon spectaculaire : elle crée avec des morceaux de feuilles et d'insectes morts un « avatar », une copie d'elle-même, et en beaucoup plus gros ! Ensuite, elle se cache derrière, et fait bouger la toile...

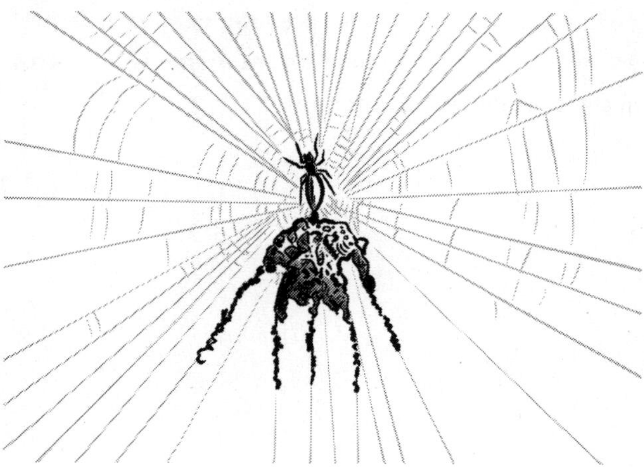

La vie ne tient qu'à un fil

Généralement, les araignées capturent leurs proies avec leur toile, puis les tuent par une morsure.

Mais l'**araignée *Uloboridae*** n'ayant pas de glandes à venin, elle tue sa proie en l'écrasant littéralement sous l'énorme pression de 140 m de fil qu'elle lui enroule autour !

À la manière de... *Mission impossible*

Lorsqu'elle saute sur une proie, l'**araignée sauteuse** tire derrière elle un fil de soie qui lui sert à la fois de ligne de vie, mais surtout de balancier pour s'équilibrer dans les airs, et atterrir tout en douceur !

De plus, l'**araignée sauteuse** possède des techniques de chasse aussi variées que celles des félins ! Se nourrissant d'autres araignées, elle planifie ses attaques grâce à une patience et une réflexion redoutables : elle peut observer sa cible durant plus de 10 heures, afin d'étudier ses mouvements et adapter son assaut. Elle connaît 30 attaques différentes !

Et pour se défendre, elle utilise... ses poils ! Les jolies petites pattes velues des **araignées sauteuses** leur servent à « entendre ». Leurs douces soies captent les fines vibrations de l'air aux alentours et les avertissent du danger, comme du vrombissement de guêpes prédatrices par exemple.

Cauchemar d'araignée

Et en parlant de guêpes[52] prédatrices, la **pompile** est un vrai cauchemar pour les araignées ! Accrochez-vous : cette **guêpe** commence par se poser sur une araignée, puis lui injecte un paralysant avec son dard, lui coupe les pattes pour la transporter dans son nid, pond sur elle un œuf, puis la larve qui en sort la mange, alors qu'elle est encore vivante...

52. Lorsque la guêpe *Aleiodes shakirae* parasite une chenille, elle provoque chez cette dernière des convulsions qui la font se tordre dans tous les sens. C'est cela qui a poussé les scientifiques à nommer la guêpe d'après la danse du ventre de Shakira...

Dessine-moi un cocon

La **guêpe solitaire** (*Polysphincta*), arrive même à manipuler les araignées pour leur faire tisser une toile adaptée à ses besoins pour son futur cocon.

◆

Parasites !

Le **nematomorphe** est un parasite qui, à l'état de larve aquatique, entre dans un insecte terrestre et s'y développe en long ver. Adulte, il pousse son hôte au suicide en le faisant se jeter à l'eau où il se noie. Le **ver** retrouve alors son milieu aquatique.

La **petite douve** est elle aussi un parasite manipulateur qui, une fois à l'intérieur d'une fourmi, en prend le contrôle et la manœuvre jusqu'au sommet des brins d'herbe pour qu'elle se fasse avaler par un mouton. La **petite douve** atteint alors son but : le foie du mouton.

Mangez-moi !

Certaines bactéries au fonds des eaux n'hésitent pas à briller pour attirer l'attention d'un prédateur... afin qu'il les mange ! C'est ce qu'elles font pour que la **crevette *Artemia salina*** les avale. Mais ce « suicide » a un but : une fois à l'intérieur de la **crevette** transparente, elles la fond briller de plus belle, afin qu'elle attire malgré elle l'attention des poissons ! Ainsi lorsqu'un poisson gobe la pauvre **crevette** qui se croyait invisible, les bactéries ont atteint leur but, elles peuvent se développer dans l'intestin du poisson !

Pourquoi le dauphin saute-t-il hors de l'eau ?

On connaît quelques raisons qui poussent le **dauphin** à sauter hors de l'eau comme respirer, s'amuser, communiquer... mais une des raisons les plus utiles pour lui est que cela lui offre un grand gain de vitesse et une économie d'énergie lors de ses déplacements, cela grâce à la résistance de l'air moins forte que celle de l'eau !

Je donne ma langue... à l'exigua !

Le ***Cymothoa exigua*** est un crustacé parasite qui pénètre dans un poisson par ses branchies, se faufile pour atteindre sa bouche, et s'accroche à sa langue jusqu'à l'atrophier. Il remplace alors carrément cet organe et devient la langue du poisson ! C'est le premier animal connu à remplacer une partie du corps d'un autre animal par son corps. Le poisson qui s'est vu voler sa langue continue de se nourrir comme si de rien n'était et vie sa vie. Le **crustacé** lui, pourra s'accoupler dans la bouche du poisson, et même y élever ses petits...

Babysitting

Les **dauphins tachetés** de l'Atlantique font parfois du babysitting pour les grands dauphins, même s'il s'agit d'une espèce différente. Ce comportement est basé sur « l'amitié inter-espèces », un peu comme si des bonobos gardaient les petits des chimpanzés.

L'**écureuil**, lui, peut adopter des petits ayant perdu leur mère. Cet acte touchant est tout de même restreint car il a été observé qu'à chaque fois, les orphelins étaient apparentés à la mère adoptive : elle était soit leur tante, leur sœur, ou leur grand-mère.

Les **harles huppés** sont des oiseaux aquatiques dont les jeunes femelles confient elles aussi « en garderie » leurs petits à une femelle plus âgée et expérimentée. C'est pourquoi il est possible d'apercevoir un **harle huppé** suivi de pas moins de 50 canetons, ce qui est un beau spectacle flottant à observer !

Pot de colle !

Le **poisson rémora** possède sur sa tête une ventouse si puissante, qu'il est capable de rester collé aux requins qui se déplacent très rapidement (il les parasite pour récupérer les restes de leur repas) et il reste même accroché aux dauphins qui sautent hors de l'eau !

LE SAVIEZ-VOUS ?

Les **grands dauphins** se donnent chacun un nom par un sifflement personnel et unique. Ils utilisent ensuite ses sifflements pour s'appeler individuellement.

Les **hyènes**, elles, se reconnaissent, comme les humains, à leur rire ! En effet, chaque **hyène** pousse un rire caractéristique à cette espèce, qui possède de subtiles différences entre chaque individu. Les **hyènes** savent donc lesquels de leurs congénères se trouvent autour d'elles, même les yeux fermés.

Accro au poisson

Les **dauphins** auraient la capacité de se « défoncer » à l'aide des **poissons-globes** !

En se passant le pauvre poisson entre eux durant plusieurs minutes, ils absorbent les toxines que ce dernier libère pour se défendre. Les **dauphins** ont alors été observés plusieurs fois dans une sorte de transe, certains nageant à l'envers et semblant être hypnotisés par leur reflet à la surface de l'eau.

Boule d'amour

Lorsqu'il n'est pas malmené par les dauphins, le **poisson-globe** est un grand romantique. De mystérieuses sculptures artistiques de 2 m de large (et à 25 m au fond de l'eau) ayant intrigué de nombreux plongeurs se sont avérées avoir été réalisées par... un tout petit **poisson-globe** ! Son but est d'attirer la femelle avec qui il s'accouple juste au centre de son chef-d'œuvre !

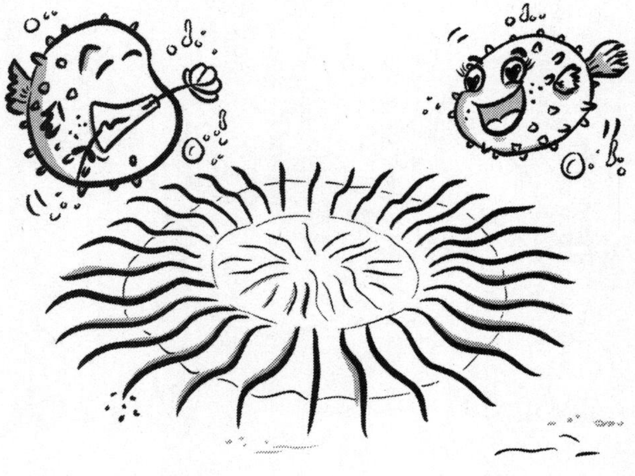

Chacun son GPS

Alors que le **scarabée bousier**[53] s'oriente grâce à la Voie lactée, que le **canard colvert** utilise aussi des étoiles, que la **salamandre** et le **hamster** se servent du champ magnétique terrestre, que les **dauphins** se repèrent avec les reliefs du fond de l'océan, et que le **saumon** se sert de son odorat[54], le **gnou**, lui, s'oriente de façon très poétique avec l'odeur de la pluie !

Que la lumière soit !

Le tucu-tucu peut devenir votre compagnon de lecture le soir !

Ce coléoptère (*Pyrophorus noctilucus*) est le plus bioluminescent des insectes au monde avec une luminosité de 45 millilamberts ! Soit assez pour éclairer les lignes de votre livre !

53. Malgré un cerveau minuscule et une puissance de calcul minimale, le scarabée bousier est devenu le premier animal connu à utiliser la Voie lactée pour s'orienter ! Il arrive ainsi, à pousser sa boule fécale en ligne droite.
54. Un saumon peut reconnaître l'odeur de son cours d'eau natal même après avoir passé quatre ans dans l'océan.

LE SAVIEZ-VOUS ?

Si les **insectes** sont attirés par la lumière artificielle, c'est parce qu'ils la confondent avec la Lune ! Beaucoup d'**insectes** se dirigent en fixant la Lune, ce qui leur permet de voler droit. Mais lorsqu'il y a une ampoule, ils finissent par y tourner autour jusqu'à l'épuisement.

Mirage lumineux

Les experts animaliers alertent sur le fait que la pollution lumineuse et l'augmentation des ampoules LED perturbent fortement la reproduction des **lucioles** : en effet les **lucioles** femelles brillent pour attirer les mâles et se reproduire. Chez certaines, leur brillance se fait avec un code unique et elles ne clignotent que sur un rythme précis tandis que d'autres se synchronisent et offrent un spectacle époustouflant. Malheureusement, les lumières artificielles font se perdre les mâles dans leur quête.

Comme 30 % des vertébrés et 60 % des invertébrés sont nocturnes, l'éclairage perturbe leurs rythmes biologiques, causant beaucoup de morts d'animaux et affectant leurs routes migratoires.

Après être sorti de l'œuf sur la plage, le bébé **tortue** s'oriente pour rejoindre la mer grâce à la lumière naturelle de l'horizon et aux crêtes blanches des vagues. Mais pour lui aussi, l'éclairage artificiel en bord de mer le conduit parfois sur une fausse piste et le fait se perdre.

Regard chevalin

Le **cheval** possède un panel d'expressions faciales assez riche pour communiquer, de 17 mimiques différentes !

Cela est d'autant plus remarquable que c'est une de plus que le chien, et quatre de plus que l'expressif chimpanzé !

On note de nombreuses similitudes en matière d'expressions faciales entre le **cheval** et l'Homme : haussement des yeux, clin d'œil, augmentation du blanc des yeux lors d'une angoisse, ou encore relâchement de la lèvre inférieur comme signe d'endormissement !

LE SAVIEZ-VOUS ?

Les expressions faciales des animaux sont-elles des mouvements purement inconscients ?

L'université de Portsmouth a montré que le **chien** utilise volontairement des expressions faciales (le mouvement des yeux ou même de la langue) pour communiquer avec les humains. Il possède un muscle facial que les loups n'ont pas. Au-dessus des yeux, les **chiens** ont un muscle supplémentaire, le *levator anguli oculi medialis*, qui leur permet de lever les sourcils et d'être particulièrement attendrissants.

Analyste expert

Le chien est aussi très fort pour analyser les visages humains.

Des chercheurs de Géorgie ont compris pourquoi le **chien** est souvent en train de « traquer » le regard de son maître : il possède une zone du cerveau dédiée à l'analyse complexe des expressions faciales humaines. Il peut « scanner » les visages, en accomplissant extrêmement rapidement une sorte de reconnaissance faciale, afin de s'adapter aux émotions mesurées. Si son maître est apeuré, il le sera aussi, s'il est joyeux, le toutou le sera également.

C'est pas ce que vous croyez

Que fait en réalité le **cheval** lorsqu'il retrousse sa lèvre supérieure ?

Il n'est pas en train de vous sourire ! Il est plutôt en train d'utiliser son organe de Jacobson, situé sous son palais, pour sentir les phéromones qu'il vient de détecter quelque part.

Et lorsqu'il renâcle ? Alors qu'on pensait que le **cheval** renâclait essentiellement pour son hygiène (se moucher, chasser les mouches...), des chercheurs français ont démontré qu'il souffle bruyamment aussi

lorsqu'il est tout simplement heureux ! Comme lorsqu'il voit son maître.

Les **chevaux** ont également une redoutable mémoire des visages.

Ils sont même capables de se rappeler si vous avez souri ou froncé les sourcils la dernière fois qu'ils vous ont vu !

Et les **chevaux** ne sont pas les seuls à être très sensibles aux expressions faciales des humains. Une étude de 2018, menée par des scientifiques de l'université Queen Mary de Londres, a montré que c'est le cas de nombre d'animaux, comme par exemple les **chèvres** qui préfèrent interagir avec des visages humains heureux !

Il est aussi prouvé que même de petits insectes comme les **abeilles** savent très bien reconnaître un visage humain ! Elles font d'ailleurs comme nous, elles retiennent certaines parties du visage comme les sourcils, les lèvres ou les oreilles, puis lient ces traits faciaux entre eux pour reconstituer le visage. On appelle cela, comme chez l'humain, le traitement configural.

Au galop, le cheval respire au rythme de chaque pas !

Il expire au moment où il pose son dernier sabot antérieur, car à ce moment-là, il lève les fesses, amenant vers l'avant tous ses viscères qui se plaquent sur le diaphragme. Ce dernier appuie sur les poumons, forçant l'expiration. Cela suppose que, contrairement à nous qui pouvons respirer quand et comme nous voulons tout en courant, le **cheval**, lui, ne le peut pas. Lors d'un effort soutenu, il pourrait donc se retrouver avec un manque d'oxygène dans le sang (hypoxémie). Comment contre-t-il ce « handicap » ? Grâce à sa rate ! Il use de ce qu'on appelle la splénocontraction, c'est-à-dire la contraction de la rate. Celle-ci libère alors les globules rouges qu'elle avait emmagasinés, et ils peuvent ainsi augmenter l'oxygène capté et en donner plus aux muscles.

Le test du miroir

Afin d'évaluer la conscience de soi chez l'animal, un test est souvent reproduit par les éthologues. Il consiste à placer sur un animal une marque colorée pour ensuite le mettre devant un miroir et voir s'il reconnait qu'elle est sur son propre corps.

Les animaux qui ont pour l'instant réussi ce test en tentant d'effacer ou de toucher la marque sont les **bonobos**, les **chimpanzés**, les **grands dauphins**, les **éléphants** d'Asie[55], les **orangs-outans**, les **orques**, les **perroquets gris** du Gabon, les **pies bavardes** et les **pigeons**... Ni le **chien**, ni le **cha**t, ni même le bébé **humain** n'y parviennent.

Le test du miroir semble avoir été réussi pour la première fois chez les poissons en 2019 : un petit **labre nettoyeur** des mers tropicales, se serait nettoyé lui-même en utilisant son reflet.

55. Un test permettant de voir si l'animal à conscience de son propre corps a également été réussi chez l'éléphant. Le test consiste à déterminer si l'animal comprend « qu'on ne peut pas tirer un tapis si on est soi-même dessus ». Un humain de 2 ans échoue à ce test ; l'éléphant, lui, sait que tirer sur une corde reliée au tapis sur lequel il se trouve est inutile.

Chez les insectes, la **fourmi** est le seul étudié capable de se reconnaître dans un miroir. Et chez les arachnides, l'**araignée** pense, elle, voir une congénère. Face à son reflet, elle lève deux de ses pattes pour intimider « l'autre » **araignée** qu'elle voit dans le miroir !

Angry Bird, le vrai !

Le **cardinal rouge** (sa couleur rappelle les vêtements rouges des cardinaux catholiques) est très territorial et chasse tous les autres mâles. À tel point que quand il voit son propre reflet sur une surface réfléchissante, il peut passer des heures à combattre l'intrus imaginaire !

Certaines grenouilles « volent » !

Découverte en Asie en 2009, ***Rhacophorus Helenae***, endémique du Viêt Nam, est une **grenouille volante** aux mains et aux pieds palmés, qui peut grâce à cela s'affranchir de l'apesanteur quelques secondes et planer d'arbre en arbre afin d'échapper à un prédateur. La peau des bras des femelles est particulièrement molle, lui permettant de mieux se déplacer encore dans les airs[56].

L'**écureuil volant géant** d'Asie peut lui aussi planer sur environ 500 m, grâce à son patagium[57], une membrane de peau attachée aux chevilles et aux poignets. Il saute dans le vide, prend de la vitesse, et hop ! il la déploie. Une fois en vol, il se dirige en inclinant ses pattes et sa queue lui sert de frein et de contrepoids. Avec assez d'altitude, il peut même en plein vol faire un demi-tour à 180° ! Après leur naissance, les petits écureuils volants sauront s'élancer dans les airs dès leur cinquième semaine à peine.

56. Une grenouille commune peut en moyenne se déplacer au sol sur une distance de 20 fois sa propre longueur de corps en un seul bond !
57. Cet écureuil inspira la fameuse combinaison de *wingsuit*, utilisée par les parachutistes.

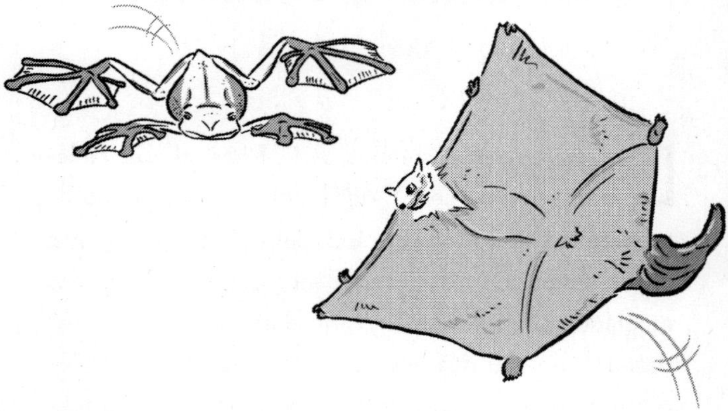

L'**écureuil commun** qui ne plane pas, n'est pas en reste d'agilité pour autant ! Grâce à ses pattes réversibles, c'est-à-dire que ses pieds peuvent se tourner vers l'avant ou vers l'arrière à volonté, il peut non seulement escalader un tronc d'arbre mais aussi le dévaler la tête la première (chose que ne sait pas faire un chat par exemple), et les bonds qu'il fait sont si impressionnants pour sa taille que, pour un humain, cela équivaudrait à sauter par-dessus un bus ou du cinquième étage d'un immeuble en ville !

◆

Fluorescent

Le **polatouche** est un écureuil volant et l'un des rares mammifères au monde à être fluorescent !

Son poil devient rose vif sous les ultraviolets ! On pense qu'il se camoufle en imitant de nombreux lichens d'arbres qui sont eux aussi fluorescents.

◆

Le singulier pangolin

Il existe 8 espèces de **pangolin** (*Manidae*) : 4 en Afrique et 4 en Asie.

Il y a le **pangolin à longue queue, à queue courte, à petites écailles**, le **pangolin géant**, le **pangolin terrestre** du Cap, le **pangolin** indien, le **pangolin** des Philippines, et le **pangolin** de Malaisie. Les 8 sont dans la liste rouge de l'UICN à « risque extrêmement élevé d'extinction ».

Le nom de cet être singulier vient du malais « *peng-gulung* » qui signifie « enroulement ». En effet, lorsqu'il est en danger, il se met en boule et ses écailles très résistantes lui assurent une grande protection. Mais ironiquement, c'est aussi cela qui rend sa capture par l'Homme si facile.

Les bébés du **pangolin** se font transporter en s'accrochant à la queue de leur mère, pendant 3 mois ! Les **pangolins** sont quasiment impossibles à élever en captivité. Dans un zoo par exemple, ils meurent en quelques mois à cause du stress que cela leur procure.

Le **pangolin** n'a ni dent, ni la capacité de mâcher. Par contre, il possède des dents dans son estomac ! Celui-ci est équipé de pointes cornues qui, une fois que les muscles autour de l'estomac se contractent, réduisent en bouillie tous les insectes avalés par le **pangolin**. Autre botte secrète, son estomac lui sert de « gilet de sauvetage » : avant d'entrer dans l'eau, il le gonfle d'air et flotte ainsi tranquillement à la surface.

Pour attraper ses insectes favoris, il glisse sa très longue langue gluante dans les galeries étroites des fourmis et des termites, qui composent ses repas. Sa langue peut être plus longue que son corps, elle va jusque derrière ses côtes !

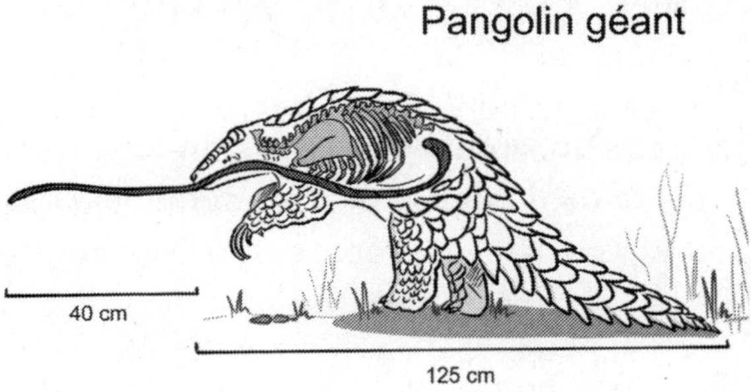

Le **pangolin** est un des très rares mammifères à pratiquer la bipédie[58], il se déplace principalement, et très rapidement, sur ses pattes arrière, tel un « mini-tyrannosaure » !

L'**escargot écailleux** (*Chrysomallon squamiferum*) est également connu sous le nom de « pangolin de mer » !

Il doit ce surnom à son armure ressemblant à un trône de fer miniature et qui est la seule au monde connue faite d'écailles en sulfure de fer ! Cette armure digne d'un soldat est très résistante et lui assure une bonne protection face aux attaques de crabes.

58. Le ratel, lui, est avec l'être humain le seul mammifère capable de courir en arrière !

Mettre une fessée

Lorsqu'un wombat (animal connu surtout parce qu'il fait des crottes cubiques) est pourchassé par un prédateur, il mise tout sur son... postérieur !

Arrivé à son terrier il plonge et bouche l'entrée avec ses fesses. Faites de dur cartilage, elles supportent les morsures de l'ennemi, qui abandonne.

Il possède un postérieur si solide et si puissant, qu'il n'hésite pas à écraser la tête de ses prédateurs directement avec ses fesses, cela contre le toit de son terrier ou contre une pierre !

On appelle le petit du wombat un « joey ».

Comme chez le kangourou, il reste dans la poche de sa mère quelque temps, et de là, voit le monde « à reculons ». En effet, la mère a une poche tournée vers l'arrière, et tant mieux, car cela évite d'envoyer de la terre à son petit lorsqu'elle creuse.

L'oiseau le plus dangereux du monde !

Il s'agit du **casoar à casque** d'Australie. Il mesure 1,80 m, pèse 70 kg, possède un « casque » spongieux au-dessus de la tête lui permettant de courir à tout allure dans les denses forêts comme un bélier et porte à chaque patte une griffe de 12 cm aussi aiguisée qu'un poignard ! Il peut faire un bond de 2 m de haut et tuer un adversaire en l'éventrant d'un seul coup de patte !

Lorsqu'un **casoar à casque** mâle croise la route d'un autre mâle, un duel viril commence jusqu'à ce que l'un cède le passage ! Par contre, si un mâle tombe nez à nez avec une femelle, il suffit qu'elle le regarde dans les yeux pour qu'il s'écarte sans broncher...

Les poils de l'ours blanc ne sont pas blancs, mais translucides !

Lorsque le soleil frappe ses poils, une partie de l'énergie lumineuse pénètre dedans et s'y retrouve piégée. Elle rebondit alors sur la partie creuse et provoque une réaction appelée « luminescence », ce qui le fait apparaître blanc.

Super pouvoir !

En cas de saignement, les ours ont la capacité de ralentir volontairement leur rythme cardiaque pour réduire la perte de sang !

Que fait un ours brun (*Ursus arctos*) de ses journées ?

Des caméras embarquées ont permis d'établir son emploi du temps avec précision :

Repos : 60,5 %
Voyage : 21,3 %
Attente : 6,3 %
Repas : 6,2 %
Mystère : 2,9 %...
Socialisation : 1,3 %
Chasse : 1 %
Toilettage : 0,4 %

Hybrides

Suite à la fonte de la banquise[59], l'**ours polaire** est parfois poussé à aller vers le sud du Canada, et le **grizzly** lui, vers les forêts du nord. Leur rencontre peut provoquer des naissances hybrides d'ours blancs aux taches marrons et ils sont appelés les **pizzlys**, ou les **grolars**.

Il a également été remarqué dans la nature qu'une **pseudorque** (*Pseudorca crassidens*) et un **grand dauphin** peuvent s'accoupler pour donner naissance à un hybride qu'on appelle un **wholphin** ! Avant 1985, on pensait cet accouplement impossible.

De la même façon, l'accouplement d'un **âne** et d'une **jument** donnera un **mulet**, et celui d'une **ânesse** et d'un **cheval** donnera un **bardot** (le **bardot**, contrairement au **mulet**, hennit comme le **cheval**) et ces deux animaux hybrides[60] seront eux aussi généralement stériles.

---

59. En 2015, des ours blancs ont été observés pour la première fois en train de manger… des dauphins ! Il semble, d'après les chercheurs, que ce soit une conséquence du changement climatique qui « rapproche des espèces jusqu'alors sans interactions ».

60. Le tigron et le ligre sont les plus grands félins du monde ! Mais ils ne se rencontrent pas dans la nature car ils sont le résultat d'un croisement provoqué par l'Homme : un tigre et une lionne donnent un tigron, un lion et une tigresse, un ligre. Ils peuvent faire jusqu'à 3,60 m pour 400 kg ! Ils sont eux aussi généralement stériles. En 2012, est né en Sibérie pour la première fois une liligre, une féline issue d'un croisement entre un lion et une ligre.

Usurpation d'identité

La **pieuvre**[61] a l'incroyable capacité de changer d'apparence à volonté et instantanément pour se fondre dans le décor !

Elle y arrive grâce à des milliers de cellules remplies de pigments, les chromatophores, capables de se rassembler au centre des cellules et de les rendre invisibles !

La **pieuvre mimétique** peut également se donner l'apparence de plusieurs animaux ! Elle peut prendre l'apparence du serpent de mer, du poisson-papillon, du poisson plat, du crabe géant, d'un coquillage, d'une méduse, d'une anémone de mer ou encore d'une crevette-mante !

LE SAVIEZ-VOUS ?

Certaines **pieuvres**, grâce à leur corps extrêmement souple, peuvent passer à travers des trous de la taille de leurs globes oculaires.

Le **concombre de mer** n'a rien à lui envier, il possède son propre super pouvoir : il se liquéfie littéralement pour pouvoir passer à l'intérieur de tout petits trous et se cacher ! Ensuite, il reprend sa forme rigide. Cela lui est possible grâce à un fort taux de collagène mutable qui lui permet de changer son corps à volonté.

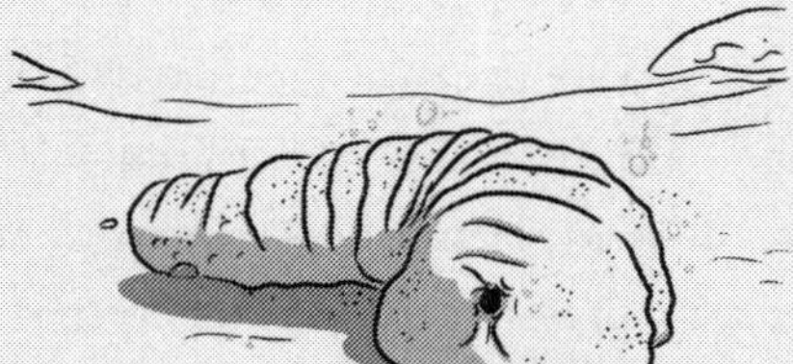

Ne surtout pas remonter !

Au fond des abysses, dans la fosse d'Atacama dans le Pacifique et à plus de 7 500 m de profondeur, fut découverte en 2018 une toute nouvelle espèce de poisson nommée **poisson-limace** : il arrive à vivre sous une colossale pression grâce à son corps presque totalement gélatineux (seules ses dents sont dures, ainsi que les petits pas de son oreille interne afin qu'il puisse garder le sens de l'équilibre) et si jamais il remonte à la surface, le changement de pression le fait littéralement fondre...

Don d'organes

Imaginez... Vous êtes poursuivi par un assaillant redoutable. Soudain, vous décidez de lui jeter au visage vos boyaux et intestins pour vous enfuir en courant !

Cette scène n'est pas celle d'un film d'horreur, mais la technique d'autodéfense complètement folle du **concombre de mer** : lorsqu'il est menacé, il contracte fortement ses muscles et expulse ses organes internes par son anus ! Cette technique de défense des plus extrêmes permet de détourner l'attention du prédateur, qui croit en sentant les organes, que le **concombre de mer** est mort. Ce dernier en profite pour fuir, et ses organes perdus se régénèrent à l'intérieur de son corps !

Par contre, cette technique ne marche pas avec tout le monde. Les poissons de la famille des *Carapidae* sont de petits poissons longilignes et fins qui pénètrent à l'intérieur du **concombre de mer** par son anus, mangent ses intestins et s'installant dans son cloaque. Certains **concombres de mer** sont alors obligés d'avoir des dents autour de leur anus pour empêcher le passage de ses intrus !

Camouflage !

Certains **poissons** profitent des **méduses** pour se cacher à l'intérieur afin de passer inaperçu et échapper aux prédateurs.

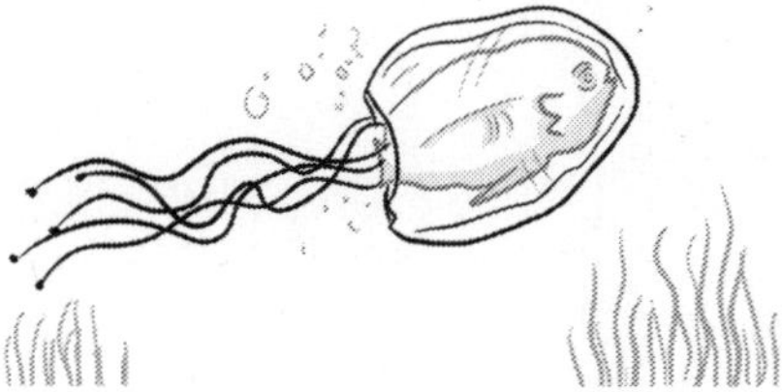

Coopération

Autre collaboration sympathique, quand le **crabe *Dorippe frascone*** a besoin de sortir à découvert, il place sur son dos un **oursin** aux belles épines venimeuses pour le protéger sur le trajet ! De son côté, l'**oursin** gagne un voyage vers une autre zone d'alimentation.

Mastodonte

La **tortue luth** est la plus grande et la plus lourde des **tortues** actuellement sur Terre (elle est aussi le quatrième plus grand reptile après trois crocodiliens) : elle peut mesurer jusqu'à 2 m de long pour 450 kg, avec un record enregistré à 950 kg ! Elle se nourrit essentiellement de méduses[62] et en mange jusqu'à 50 par jour ! Avant qu'on ne puisse l'examiner de près, on ne savait pas comment elle arrivait à les manger car ses dents n'étaient pas visibles. Puis un jour, on ouvrit sa bouche... On découvrit que son œsophage était en fait tapissé d'épines saisissantes !

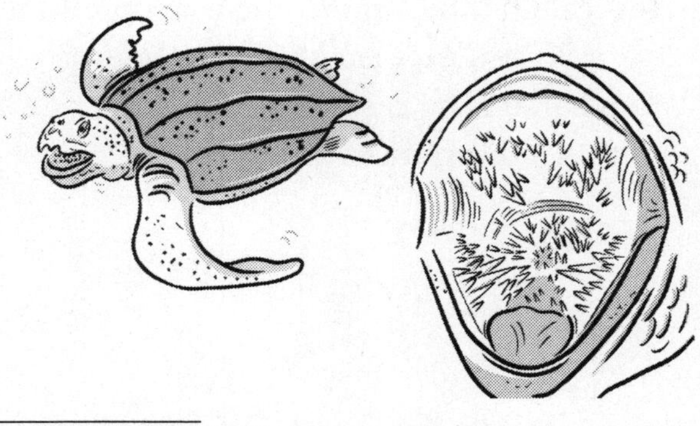

62. Une étude de 2015 de l'université du Queensland montre que la moitié des tortues marines de la planète ont mangé des bouts de plastique, qu'elles confondent la plupart du temps avec des proies flottantes. L'université de Floride explique qu'elles sont même attirées par son odeur.

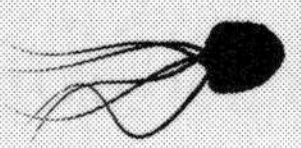

LE SAVIEZ-VOUS ?

Le corps de la **méduse** étant constitué essentiellement d'eau, cet animal réfracte la lumière quasiment autant que le milieu où elle évolue, et cela la rend presque invisible à l'œil ! C'est aussi cette particularité anatomique qui fait qu'une **méduse** laissée hors de l'eau finit sa vie en « déliquescence ». Elle s'évapore littéralement. Comme elle est constituée à 95 % d'eau, en quelques heures au soleil il ne reste plus d'elle qu'une empreinte sur le sable...

Objet nageant non identifié

La **méduse *Atolla wyvillei*** ressemble à un ovni et a tout d'une extraterrestre… Elle ne possède ni système digestif, ni système respiratoire, ni système circulatoire, ni système nerveux central et elle ne possède pas non plus d'organe similaire à un cerveau. De plus, elle est bioluminescente et, lorsqu'elle est attaquée, elle produit une série de flash dont la fonction est d'attirer… les prédateurs de ses prédateurs ! Cela lui vaut le surnom de « méduse-alarme » !

Le calmar qui rêvait d'être un oiseau

Todarodes pacificus est un **calmar** qui, lorsque l'envie lui prend, est capable de voler quelques secondes au-dessus de l'eau, pouvant faire 30 m dans les airs en 3 secondes (140 fois sa longueur de corps en une seconde) ! Comment s'y prend-t-il ? Il commence par emmagasiner de l'eau dans son manteau (l'enveloppe qui recouvre ses organes), puis la rejette par son siphon pour se propulser hors de l'eau. Il se dirige alors dans les airs avec ses nageoires et ses tentacules. Il pense même à créer un mucus qui remplit les espaces vides entre ses tentacules afin de créer une surface unifiée comme un parachute.

Malgré sa rapidité et la brièveté de ses échappés, il ne retouche parfois jamais l'eau car les albatros l'attrapent en plein vol !

On me voit, on me voit plus...

Le **calmar *Galiteuthis phyllura*** est totalement transparent ! Du coup, lorsqu'il est attaqué, au lieu de cracher de l'encre à l'extérieur de lui, il la diffuse dans son corps pour cacher ses organes !

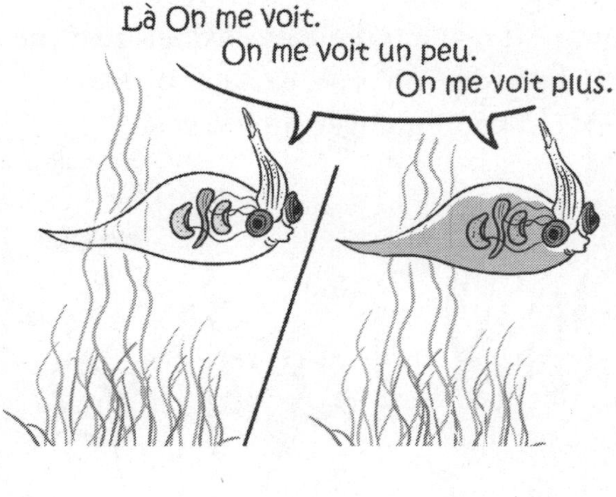

LE SAVIEZ-VOUS ?

Le **calmar géant** possède un cerveau en forme de beignet permettant à son œsophage de le traverser en son centre. Il ne peut donc pas avaler quelque chose de trop gros, car il risquerait d'endommager son cerveau !

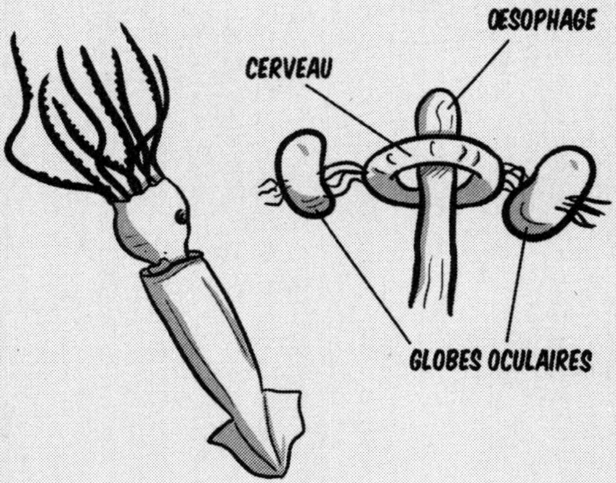

Ça coûte un bras…

Lorsqu'il est face au danger, le **calmar *Octopoteuthis deletron*** fait quelque chose de surprenant : il fonce sur le prédateur, lui enfonce un de ses bras dans la peau, puis, avant de s'enfuir, il se le brise et lui abandonne en guise de diversion !

La mère ours blanc peut contrôler sa gestation !

Une fois fécondée, elle porte l'embryon durant 5 mois et ne déclenche la gestation (qui ne dure que 55 jours) que lorsque sa propre condition physique et les facteurs environnementaux sont optimaux. Ce phénomène s'appelle « l'implantation différée ». La femelle **renne** en est également capable pour les mêmes raisons.

Proportions record

Une humaine est en moyenne 22 fois plus massive que son nourrisson.

Mais chez les animaux, on trouve des proportions très étonnantes : l'**orque** est 50 fois plus massive que son bébé, la **tigresse** 120 fois, la **panda** 900 fois, et le record est pour la mère **kangourou** : 100 000 fois !

À la naissance, un bébé **kangourou** n'est pas plus gros qu'un insecte. Il fait à peu près la taille d'une reine des abeilles.

En ce qui concerne les « minus » qui deviennent géants, notons que la **raie manta**[63] peut atteindre 7 m d'envergure et peser 2 tonnes adulte. Pourtant, bébé, elle n'est pas plus grande qu'un ravioli !

63. Les raies manta sont connues pour être capables de faire des sauts spectaculaires hors de l'eau ! Plusieurs hypothèses sont avancées par les chercheurs : se débarrasser de parasites, communiquer, parader, voir même s'aider à accoucher… mais il semble que ce soit simplement pour jouer.

L'**espadon** adulte mesure jusqu'à 2 m de long pour 100 kg. Pourtant, le voici à la naissance :

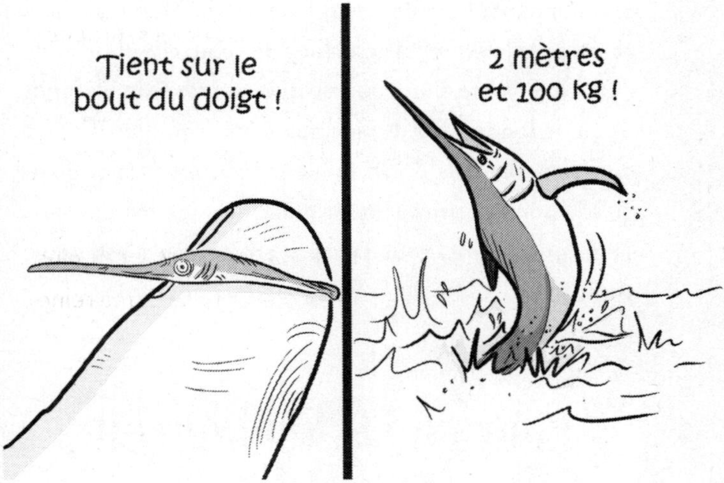

Faire la bombe dans l'eau !

Bien que pesant 40 tonnes pour 19 m de long, la **baleine à bosse** est capable de faire des bonds impressionnants hors de l'eau, à 25 km/h. Même en nageant parallèlement à la surface de l'eau, elle peut tout d'un coup grâce à un coup de queue, crever le plafond d'eau et fendre l'air durant quelques secondes. Pourquoi fait-elle cela ? On ne peut l'affirmer mais, bien qu'elle puisse communiquer grâce au vacarme que ses sauts produisent, tout porte à croire que c'est pour s'amuser.

Pourquoi le kangourou saute-t-il ?

Car il ne peut pas faire autrement ! En effet, ils ne peuvent pas bouger leurs pattes arrière indépendamment sur le sol, un peu comme les jambes d'un Playmobil, sauf quand ils sont dans l'eau. Leur queue les aide à se maintenir stable au sol et à sauter également (ils font des bonds jusqu'à 9 m de longueur).

Mais pourquoi sautent-ils ? Car c'est le moyen le plus économique en énergie pour eux, surtout qu'ils doivent souvent se déplacer sur de longues distances avec peu de nourriture ou d'eau. En effet, le **kangourou** ne gaspille aucune énergie respiratoire lorsqu'il bondit, car au moment du saut, le mouvement déplace ses boyaux de haut en bas, gonflant et dégonflant ses poumons sans aucun effort de sa part.

◆

Pourquoi les araignées se mettent-elles en boule à leur mort ?

Certaines araignées utilisent la pression artérielle de leur rythme cardiaque pour étendre leurs pattes. Voilà pourquoi lorsqu'elles meurent et que leur cœur s'arrête, leurs pattes se rétractent et elles semblent se mettre en boule.

Araignées volantes

Les **araignées** n'ont pas d'ailes, mais peuvent s'envoler !

Elles se mettent sur un endroit exposé au vent, lèvent une patte pour tester l'air, gonflent leur abdomen vers le ciel, expulsent un brin de soie (pouvant faire 4 m et étant beaucoup plus fin qu'un cheveu humain) et s'envolent ! C'est le « *ballooning* ». Certaines ont été repérées à 2 km d'altitude et d'autres à 1 600 km au large, en plein milieu de l'océan !

À chaque fois qu'une **araignée** prend ainsi son envol, elle ne sait pas où elle atterrira, car une fois dans les airs, elle est totalement à la merci du vent. Heureusement, elle peut rester jusqu'à 25 jours sans manger, mais le voyage ne doit pas durer plus...

Certaines sont capables de records qui semblent plus modestes, mais qui sont en réalité épatants d'ingéniosité : par exemple, l'**araignée *Caerostris darwini*** peut tisser sa toile au-dessus d'une rivière de 25 m de large ! Comment fait-elle ? Accrochée à une branche sur la rive, elle crache une grosse quantité de soie qui est alors emportée par le vent 25 m plus loin ! #Génie

Toc toc toc !

Les **araignées *Cyclocosmia*** possèdent une particularité saisissante : un disque abdominal orné ! Les motifs peuvent être variés, mais l'utilité de cet abdomen qui se termine en plateau durci est surtout de bloquer l'entrée de leur terrier !

Cela n'est pas sans rappeler la **fourmi *Cephalote*** qui colonise la galerie d'autres insectes, puis bloque les issues… avec sa tête plate ! Si d'autres veulent entrer, elles doivent alors tapoter sur sa tête avec leurs antennes et selon un certain rythme servant de code d'entrée !

Le monde sous terrain !

En 2012, au Brésil, une équipe a mis au jour une incroyable cité géante de **fourmis** de 46m^2 et 8 m de profondeur ! Impressionnant, oui, mais ce n'est rien à côté de cette autre découverte au nord du Brésil en 2018 : un immense complexe de termitières a été mis à jour, couvrant une superficie aussi grande que l'Angleterre ! La quantité de terre excavée équivaut à 4 000 grandes pyramides de Gizeh et cet édifice souterrain serait vieux de près de 3 millénaires !

En général, les **termites** construisent des monticules pouvant atteindre 9 m, ce qui est déjà impressionnant vu leur taille de 8 mm (et le fait que la plupart des ouvriers sont aveugles). Cela reviendrait pour des humains à construire des tours de plus de 1 600 m ! Notons que le termite peut tomber du haut de sa tour sans mourir.

L'intérieur d'une termitière comporte des cheminées, l'air conditionné, des garde-mangers, des galeries d'évacuation, des nurseries, des caves, des jardins d'élevage... Les poches d'air permettent de communiquer par vibrations avec toute la colonie : lorsqu'un danger se fait sentir, les **termites** frappent les parois avec leur tête !

On notera que les termitières que l'on trouve en Australie, ressemblant à des murs étroits, sont ingénieusement orientées sur un axe nord-sud, permettant à l'édifice de n'être chauffé que d'un côté aux heures les plus chaudes. Mais comment ces **termites** aveugles trouvent-ils le nord pour s'assurer cette construction bioclimatique ? Ils sont sensibles à l'orientation du champ magnétique terrestre, et c'est ce qui leur sert de boussole !

Au cas où...

Durant la croissance du petit dans sa poche, la femelle **kangourou** garde un embryon « en réserve » dans son utérus (avec un développement bloqué) au cas où le premier viendrait à mourir. Si la gestation du premier se passe bien, le second n'arrive jamais à terme.

LE SAVIEZ-VOUS ?

Les **fourmis légionnaires *Dorylus*** sont tenaces : une fois qu'elles ont pincé leur proie, elles ne lâchent plus prise ! C'est pourquoi des peuples d'Afrique les ont utilisées comme points de suture, en les faisant pincer la plaie puis en arrachant leur corps.

En Malaisie, vous pouvez rencontrer la punaise assassin !

Elle a la lugubre particularité d'accumuler les cadavres de ses victimes (des fourmis) sur son dos ! Elle passe ainsi inaperçue aux yeux de ses prédateurs, mais aussi, grâce à l'odeur des cadavres, auprès des fourmis !

Maman ? Non, un caillou...

Dans les premiers instants après la naissance, a lieu chez certains animaux une phase appelée « imprégnation ».

C'est le moment crucial où ils vont s'attacher, de façon plus ou moins définitive, à la première chose en mouvement qu'ils aperçoivent, et cela, que ce soit un être vivant, ou un objet !

Les bébés **lamas** auxquels les humains accordent trop d'attention, peuvent souffrir en grandissant du « syndrome du mâle furieux » : manipulés comme des peluches dans les premiers mois de leur vie, l'imprégnation fera qu'ils considéreront l'éleveur comme un lama et l'attaqueront une fois adulte !

Fourmidable !

Dans le désert, où le paysage se ressemble partout, quand les **fourmis** quittent leur nid, elles arrivent toujours à y retourner très précisément, et cela sans aucun repère ! Mais comment font-elles cela ?

Eh bien elles « comptent » leurs pas ! Des chercheurs l'ont démontré en plaçant sous leurs pattes de fins poils de cochon, devenant pour elles de véritables échasses. À chaque fois qu'elles en étaient munies, elles dépassaient leur destination de la même longueur, à cause des pas qui devenaient plus grands. Une fois les échasses enlevées, tout rentrait dans l'ordre. Preuve qu'elles ont un « système intégré » pour calculer la distance suivant leur pas.

Héritage culturel

Bien que les **orques** aient le même aspect physique, il existe en réalité 3 groupes très distincts :

Les **résidents**, qui demeurent sur un territoire donné.

Les **transients**, qui errent le long des côtes.

Et les **hauturières**, qui circulent loin en eaux profondes.

Ce qui est passionnant, c'est que ces différences ne sont pas génétiques, mais « culturelles »! Par exemple, les **orques** vivants sur les côtes transmettent à leurs petits des techniques de chasse propres à leurs lieux de vie. C'est pourquoi elles ne se mélangent pas avec les autres groupes, et interagissent très peu avec eux.

Linguiste à nageoires

Des chercheurs californiens ont également démontré qu'en plus de sa grande intelligence et d'une gamme de sentiments riche[64], l'**orque** est bilingue : des **orques** vivant aux côtés de dauphins ont étonnamment adapté leurs vocalises en émettant plus de « clics » et de sifflements et moins de sons pulsatiles.

◆

Le bio-sonar de l'orque est redoutable !

Il ne lui permet pas juste de trouver du poisson dans l'eau trouble (jusqu'à 100 m de profondeur), mais il l'aide en plus à distinguer avec une précision inouïe son poisson préféré au milieu d'un groupe de poissons différents : le saumon chinook !

64. Les orques peuvent parfois garder leur petit mort. En 2018, une femelle orque est morte après sa naissance, mais sa mère ne l'a pas abandonnée : le corps coulait et pourtant elle le soutenait avec sa tête en le repoussant vers le haut. Elle fit cela sur 1 600 km durant 17 jours ! Son deuil fini, elle le laissa couler au fond de l'océan.

Comment attraper ses proies ?

Voici la redoutable technique des **orques** pour attraper un phoque posé sur un bloc de glace : elles chargent vers le bloc de glace en formation serrée et créent un front d'onde puissant au-dessus d'elles, puis, juste avant d'atteindre la glace, elles plongent par dessous et récupèrent le phoque qui a été balayé de l'autre côté...

Une **orque** en Ontario, au Canada, fut observée posant un autre piège insolite : elle régurgitait du poisson pour qu'il flotte à la surface de l'eau et, dès qu'une mouette mordait à l'appât, elle surgissait et avalait le tout ! Sa technique fut vite imitée par les autres **orques** !

Pauvre **mouette** pensez-vous ? Elle n'est pas en reste de mesquinerie non plus. Vous savez que les vers sortent de terre après la pluie. Eh bien cela n'a pas échappé à la maligne **mouette** qui, les jours d'ensoleillement, tapote le sol pour simuler le bruit des gouttes frappant la terre ! Les vers sortent alors et... tombent nez à nez avec son gosier !

Vous pensez parler vite quand vous êtes énervé ?

Lorsque le **marsouin commun** est en colère contre un rival, il lui envoie à la figure un torrent très puissant de clics ultrasoniques à la fréquence folle de 500 par seconde ! Un vrai canon à son !

◆

Les prodigieuses moustaches du phoque

Le **phoque** possède de grandes moustaches qui sont un outil de chasse prodigieux ! Chaque vibrisse contient 1 500 cellules nerveuses, et lorsque le **phoque** les déploie toutes, il a alors à sa disposition un formidable détecteur permettant de deviner quel poisson il poursuit et sa localisation ! Il est capable de détecter des poissons pourtant invisibles car trop éloignés, uniquement en captant les légers tourbillons laissés derrière eux par leur déplacement.

LE SAVIEZ-VOUS ?

Le **moustique** n'est pas attiré par la lumière, la plupart ne voient pas au-delà d'1,50 m ! Ce qui l'attire vraiment, ce sont les odeurs ! Le dioxyde de carbone, qu'il sent jusqu'à 30 m, les acides émis par la transpiration, ou encore... l'haleine !

Six scies vous scient

La trompe du **moustique** est en réalité un système très sophistiqué de, non pas une, mais six fines aiguilles, enveloppées par un labium souple. Chacune d'entre elles vous scie littéralement la peau, afin de trouver un vaisseau sanguin pour se nourrir[65].

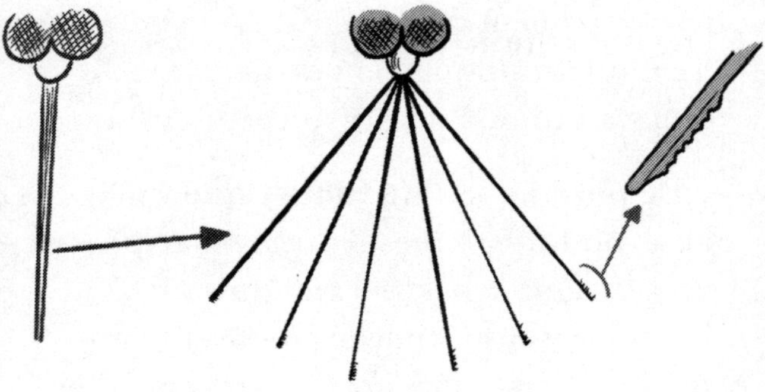

65. L'Islande n'abrite aucun moustique ! Le climat trop rude de cette île ne permet pas leur reproduction. À vrai dire, il y en a bien au moins un : celui qui est enfermé dans un flacon d'alcool depuis 1980, à l'Institut d'histoire naturelle islandais...

LE SAVIEZ-VOUS ?

« Il m'a piqué ! » En réalité, c'est toujours « ELLE m'a piqué ». En effet, chez le **moustique** seule la femelle pique, pour trouver des protéines permettant le développement de ses œufs. Le mâle, lui, se nourrit uniquement de nectar ! (On reconnaît un mâle à ses antennes velues.)

De plus, lorsqu'un **moustique** vous pique, au fur et à mesure que ses tripes se remplissent, il sépare l'eau du sang et la fait sortir sous forme de goutte sur votre peau. Le fait de faire « pipi » sur vous libère donc de l'espace pour pouvoir se gaver de globules rouges plus nutritifs[66].

66. Combien de moustiques pourriez-vous abreuver de votre sang ? S'ils siphonnaient les cinq litres de votre corps, pas moins d'un million !

La proie idéale

Les humains ne sont pas les principales victimes du **moustique**[67].

Ce sont les oiseaux qui en souffrent le plus (le **moustique** raffole du sang de nombreuses espèces d'oiseaux). Ensuite ce sont les mammifères (dont nous), les reptiles, et les amphibiens.

Le meilleur anti-moustique

C'est la **chauve-souris** ! Un nichoir à **chauve-souris** bien placé protège des moustiques qu'elles mangent par milliers toutes les nuits ! La **pipistrelle commune** mange le quart de son poids en insectes chaque nuit.

67. Le moustique (femelle) reste l'animal qui cause le plus de morts chez l'être humain avec 750 000 décès par an. Puis viennent juste après le serpent, le chien (eh oui, le meilleur ami de l'Homme !), la mouche tsé-tsé, le crocodile, l'hippopotame, l'éléphant, le loup, et en 9e position seulement le requin.

Pris de vitesse !

Malgré son poids de 2 tonnes, le **rhinocéros** court plus vite (en vitesse de pointe) qu'Usain Bolt !

Rhino : 50 km/h

Bolt : 44,72 km/h

De même, malgré son poids de 1 500 à 1 800 kg, l'**hippopotame** court à plus de 30 km/h ! Il est plus rapide qu'un Homme et aussi rapide qu'un chien.

Le record du monde du 100 m détenu par Usain Bolt est de 9,58 secondes, soit légèrement plus que le **chat** qui met 9 secondes !

Le **guépard** parcourt jusqu'à 8 m en une seule foulée (environ 5 personnes allongées au sol mises bout à bout). Il passe de 0 à 70 km/h en 2 secondes à peine, et atteint 90 km/h la seconde suivante ! C'est à peu près ce que fait une voiture de formule 1. Sa colonne vertébrale très flexible lui permet de prendre des virages serrés en pleine course et sa queue lui sert de balancier. Toutefois, il ne tient sa vitesse de pointe que sur 500 m et doit se reposer ensuite, ce qui lui fait souvent abandonner des proies qui elles, sont plus endurantes.

Dans la mer[68], l'animal le plus rapide au monde est l'**espadon voilier** (à égalité avec le **marlin bleu**) avec des pointes à plus de 110 km/h. Dans les airs il s'agit du **faucon pèlerin,** avec 389 km/h en piqué !

En « vol battu », c'est-à-dire sur une ligne droite en « battant » des ailes, le record de vitesse et détenu par le **martinet épineux** avec 170 km/h.

Certains **colibris**, comme le **colibri d'Anna,** atteignent une vitesse de vol de 90 km/h en conditions favorables et lorsqu'ils sont en piqué (soit 385 fois leur longueur de corps par seconde). Proportion-

68. À l'inverse, le poisson le plus lent est l'hippocampe nain, avec une vitesse de déplacement de 0,0015 km/h.

nellement à leur taille de 10 cm, les **colibris** sont donc plus rapides qu'un avion de chasse (150 longueurs par seconde) ! Un humain dans les mêmes conditions de vol que le **colibri** perdrait connaissance.

La **fourmi** la plus rapide de la Terre a été découverte en 2019 et elle frôle le mètre par seconde ! C'est la **fourmi argentée saharienne** (*Cataglyphis bombycina*) qui cavale à 0,855 m/s et sa vitesse maximale peut atteindre 1,3 m/s ! Soit 108 fois la longueur de son corps chaque seconde. Ahurissant ! À taille humaine, elle se déplacerait à 350 m/s et elle créerait un bang supersonique ! Qu'est ce qui la motive à aller si vite ? Eh bien c'est qu'elle ne survit pas aux 60°C du Sahara. Sa vitesse lui permet donc de trouver de quoi manger et de retourner au nid aussi vite que possible, avant de finir grillée par le soleil !

L'animal le plus rapide au monde par rapport à sa taille est l'**acarien *Paratarsotomus macropalpis*** : il se déplace jusqu'à 322 longueurs de corps par seconde (pour un homme cela reviendrait à faire du 2 000 km/h) ! Un guépard, lui, n'atteint que 16 longueurs de corps par seconde.

INCROYABLE MAIS VRAI !

Le **condor** des Andes, qui fait partie des oiseaux les plus grands de la planète avec 15 kg et une envergure de presque 3 m, est capable de voler 5 heures sur 170 km... sans battre des ailes une seule fois !

Cet incroyable expert de vol maîtrise à la perfection la direction du vent, les courants aériens et les flux d'air, économisant de façon astucieuse ses dépenses métaboliques.

Vous pensez changer souvent d'avis ?

Il a été observé à la caméra à haute vitesse qu'un **cafard**[69] peut changer de direction jusqu'à 25 fois par seconde !

◆

Les cafards sont unis !

Les décisions se prennent toujours en groupe : 50 **cafards** placés devant 3 abris de 40 places chacun, préfèrent se répartir équitablement dans deux abris en deux groupes de 25 ! Devant 3 abris de 50 places, ils vont tous dans le même !

◆

69. Durant l'époque victorienne au Royaume-Uni, on avait l'habitude de laisser vivre un hérisson dans la cuisine des maisons, pour qu'il la débarrasse des cafards !

Au fait, sait-on enfin si les zèbres sont noirs à rayures blanches ou blancs à rayures noires ?

Oui ! Les raies du **zèbre** sont absentes au stade fœtal, il est alors totalement noir. Les rayures blanches apparaissent plus tard.

Et à quoi servent-elles ? On a trouvé plusieurs avantages à ces rayures qui sont de vrais codes-barres, et aussi uniques que les empreintes digitales humaines :

- Déjà, les rayures du **zèbre** le protègent des attaques d'insectes ! En arrivant sur lui, ils sont perturbés par les rayures qui les empêchent de bien calculer la distance et ils ne freinent pas assez tôt ! Ils se cognent alors sur lui, mais ne le piquent pas !

- De plus, de nouvelles recherches ont également montré qu'au soleil, les rayures noires des **zèbres** sont 15°C plus chaudes que les blanches ! Cette différence de température créerait de petits courants de convection sur la peau du **zèbre**, l'aidant ainsi à rester au frais !

LE SAVIEZ-VOUS ?

L'odeur de la banane est proche de celle du venin d'**abeilles** ! Si vous mangez une banane près d'**abeilles**, elles peuvent penser que l'une d'entre elles a piqué une menace potentielle, et venir en renfort attaquer la source de l'odeur... vous, le mangeur de banane !

Programmation mentale

Les abeilles sont « câblées » pour effectuer différents travaux spécifiques.

Certaines passeront leur existence en tant qu'aventurières et chercherons la nourriture, d'autres seront soldates et protégerons la ruche toute leur vie, d'autres encore (2 % de la ruche) travailleront aux pompes funèbres, enlevant les **abeilles** mortes de la ruche et les emportant jusqu'à 6 m plus loin pour les déposer au sol, formant ainsi de véritables cimetières (les fourmis aussi possèdent leurs fourmis « croque-morts » qui font la même chose).

Ce qui est encore plus fascinant dans tout cela, c'est que les **abeilles** qui changeront de rôle et d'affectation au cours de leur vie, voient leur cerveau changer de chimie ! Il se câble différemment en fonction de leur nouvelle vie.

Des chercheurs de l'université d'Arizona ont même découvert que les **abeilles** butineuses plus âgées voient leur cerveau inverser le processus de vieillissement lorsqu'elles doivent redevenir des **abeilles** nourrices et s'occuper des larves à la place d'**abeilles** plus jeunes !

Leur cerveau fait preuve d'une incroyable plasticité et récupère les capacités d'apprentissage perdues lors de leur vie de butineuse.

Quel est le secret des alvéoles hexagonales des abeilles ?

En réalité, elles sont d'abord créées en forme circulaire. Puis la chaleur provoquée par le travail des **abeilles** ramollit la cire et, comme nous l'apprend cette loi de la physique : « la pression de six cylindres voisins sur un cylindre forme naturellement un hexagone » !

Les abeilles ont-elles une personnalité ?

C'est ce qu'ont montré des chercheurs de l'université de l'Illinois rappelant que les **abeilles** ne sont pas de simple « mini-drones » interchangeables. Certaines sont plus agitées que d'autres, étant à la recherche de sensations fortes, alors que d'autres sont plus « timides ». Une étude de 2011 réalisée par le centre de neuroscience de l'université de Newcastle a même montré que les plus agitées présentent des biais cognitifs pessimistes, semblant montrer dans une petite mesure, que les **abeilles** auraient des « sentiments ».

À moitié vide, à moitié plein

Les chercheurs ont démontré que, comme l'humain, les **porcs** peuvent être optimistes ou pessimistes, et les pessimistes sont plus fortement affectés par leur environnement que les autres.

L'éléphant sait consoler !

Bien qu'étant le plus gros et imposant des animaux terrestres vivant sur la planète (6,6 m de long et 7,7 tonnes pour l'**éléphant** d'Afrique), ce géant au grand cœur a parfois besoin d'être consolé. Tout comme un humain rassure un autre par une caresse, par un « ça va aller », l'**éléphant** d'Asie rassure un congénère anxieux en le caressant de sa trompe et en faisant de petits gazouillis près de lui. Ce comportement consolatif n'était connu que des primates, des corbeaux et des chiens. Notons également que les **éléphants** n'abandonnent jamais l'un des leurs en cas d'attaque ! Les plus forts forment un cercle protecteur autour des plus faibles.

Équilibriste de poids !

Bien qu'il soit le mammifère terrestre le plus lourd, l'**éléphant** sait se tenir sur ses deux pattes arrière avec un équilibre remarquable, soit pour s'accoupler, soit pour attraper de la nourriture en hauteur. Sa trompe et sa queue l'équilibrent, et aucun n'a jamais été vu en train de tomber alors qu'il était sur ses pattes arrière en équilibre.

LE SAVIEZ-VOUS ?

Les éthologues (spécialistes du comportement animal) ont démontré que l'intelligence du **cochon** dépasse celle du chien. Il répond à son nom, se reconnaît dans un miroir, sait interagir avec un écran virtuel et même utiliser un *joystick* avec son groin !

Trompe funèbre

Les éléphants font preuve d'une relation à la mort qui est unique dans le monde animal.

Quand ils tombent par hasard sur des ossements, ils sont capables d'identifier ceux de leur congénère ! L'**éléphant** veille aussi ses morts, et reste parfois une semaine près d'un corps ! Certains ont déjà été observés en train de recouvrir de branchages un des leurs défunts. Il arrive même qu'il revienne voir le squelette du défunt des années après[70] : il caresse alors avec sa trompe les dents de la mâchoire inférieure du squelette, comme il le fait habituellement pour saluer.

70. Les éléphants se souviennent très bien de leurs congénères morts. Des chercheurs ont passé l'enregistrement sonore d'un éléphant défunt depuis un fourré. Les éléphants présents, dont sa fille, ont cherché partout. Sa fille l'appela durant des jours. Les chercheurs n'ont plus jamais refait cette expérience !

Par contre, les **éléphants** ne cherchent pas à rejoindre un lieu précis pour mourir. Les cimetières d'éléphants sont en réalité un mythe apparu au XIXe siècle. La découverte de groupement de squelettes en est la cause, mais l'absence des défenses n'avait pas été remarquée...

◆

Matriarche

Chez les **éléphants**, ce sont les femelles qui commandent. Les troupeaux d'**éléphants** sont menés par une matriarche, qui est la plus vieille des femelles et la plus expérimentée. Les mâles quittent le troupeau à l'adolescence, mais se retrouvent entre célibataires pour former des petits troupeaux. Les mâles adultes, eux, se promènent seuls.

◆

C'est un corvicide, mon cher Watson

Les **corbeaux**, lorsqu'un de leur congénère vient à mourir, se rassemblent autour du camarade, pas pour le pleurer comme les éléphants, mais pour « mener une enquête »... Ces êtres très intelligents essayent de comprendre comment il est mort, ou de deviner s'il y a une menace à l'endroit du décès, afin de pouvoir l'éviter et s'en protéger !

Le lémur catta règle parfois ses différents par des « combats de puanteur »!

Il dégage une odeur pestilentielle grâce à ses glandes odorantes, puis, fait de l'air avec sa queue pour que l'adversaire s'en prenne plein le nez ! Cet affrontement olfactif peut durer une heure.... Le premier qui s'en va a perdu le duel.

Sinon lorsque tout va bien entre eux, les **lémurs catta** (qui vivent en groupe dirigé par une femelle dominante et ne comportant la plupart du temps qu'un seul mâle) adorent se blottir les unes contre les autres, formant ce qu'on appelle une « boule de lémuriens ».

Oui Cheffe !

Chez les **lémuriens**[71], les mâles sont soumis aux femelles, et les mâles ne prennent leur repas que lorsque que les femelles sont rassasiées.

De la même manière, chez les **hyènes**, ce sont les femelles qui dirigent ! Et même la femelle la plus soumise est hiérarchiquement plus importante que les mâles. Le mâle est d'ailleurs souvent maltraité par la femelle. S'il n'y a qu'un morceau de viande, il le lui laissera par soumission.

Au soleil

La première chose que fait un **lémurien à queue annelée** le matin, c'est de prendre un bon bain de soleil. Il s'assoie avec ses compères et prend une position « d'adoration » en écartant les bras. Il peut rester comme ça des heures à profiter de la chaleur.

71. Dans la mythologie romaine, les « lémures » était le nom des fantômes des morts sortant la nuit. C'est cela qui donna leur nom aux lémuriens, à cause du corps humanoïde de ces animaux et de leur regard fixe qui brille dans la pénombre.

Les lémuriens les plus intelligents sont plus populaires !

Une étude de 2018 réalisée par l'université de Princeton aux USA, montre qu'un **lémurien**[72] réussissant un test d'intelligence (comme par exemple récupérer un raisin dissimulé dans une boîte) reçoit après cet exploit observé par ses congénères plus de toilettage et de marques d'affection de la part du groupe !

Le maître des airs

Les **aigles** sont de bons chasseurs notamment parce qu'ils voient les ultraviolets, qu'ils peuvent repérer et suivre les rongeurs : l'urine que ces derniers laissent sur leur passage renvoie en effet les ultraviolets et les **aigles** n'ont plus qu'à suivre leur traces...

72. Les lémuriens forment le « groupe de mammifères le plus menacé de la planète ». C'est ce que rapporte l'Union internationale pour la conservation de la nature (UICN). 94 % de toutes les espèces de lémuriens ont un statut menacé sur la Liste rouge de l'UICN, dont 49 classées en « danger » et 24 en « danger critique d'extinction ».

Il n'y a pas que les « petits animaux » qui jouent le rôle de pollinisateurs

Le **lémurien vari noir et blanc** est le « plus gros » pollinisateur au monde : quand il mange, le pollen se colle à sa fourrure et il le disperse ainsi partout !

LE SAVIEZ-VOUS ?

Proportionnellement, l'aile d'un **aigle** est plus résistante que celle d'un avion.

L'**aigle** d'Australie est le plus grand rapace d'Océanie et il défend son nid contre tous les intrus, vraiment tous : lorsqu'un deltaplane, un petit avion ou un hélicoptère passe un peu trop près de son secteur, il fonce sur lui sans peur pour l'attaquer en le rouspétant !

LE SAVIEZ-VOUS ?

L'**aigle couronné**, lui, est le maître absolu des airs dans le sud de l'Afrique ! Avec sa force surprenante il s'attaque à des animaux au sol pesant jusqu'à environ 30 kg, comme des petits singes ou des jeunes antilopes. Une fois démembrés, il les emporte dans son nid.

Féroce

Avec la même témérité, la **harpie féroce** s'attaque à des animaux plus gros qu'elle : singes, paresseux, porcs-épics, chèvres, porcelets, chiens... La **harpie féroce** est en réalité ce qu'on appelle un « superprédateur », c'est-à-dire qu'elle n'est elle-même la proie d'aucun autre prédateur ! Sa technique de chasse, nommée « *sit and wait* », consiste à se percher et à observer durant des heures ses proies jusqu'à en trouver une à son goût.

Ses serres exercent une pression supérieure à celle de la mâchoire d'un loup et peuvent couper en deux un serpent de 5 cm de diamètre d'un seul coup !

À se tordre le cou

Lorsque vous vous trouvez à Madagascar, vous êtes en réalité au milieu d'un monde unique : 80 à 90 % de sa faune et de sa flore ne se trouvent que sur cette île et nulle part ailleurs sur la planète ! On y trouve par exemple le **scarabée girafe**. Il est appelé ainsi pour son cou interminable. Son long cou donne d'ailleurs lieu à de véritables duels d'escrime lorsqu'il doit se battre avec un autre mâle pour une femelle.

Notons que le mammifère bien connu dont il tire son nom, la **girafe**, se bat exactement de la même manière ! Les mâles utilisent leur long cou pour projeter avec force leur tête contre l'adversaire. Ils essayent de frapper avec les deux cornes (appendices osseux nommés « ossicônes ») qu'ils ont sur le haut du crâne.

LE SAVIEZ-VOUS ?

La **girafe** est le seul mammifère au monde qui ne baille pas et aussi le seul qui peut atteindre ses oreilles avec sa propre langue (avec sa cousine l'**okapi** qui possède elle aussi une langue record de 25 cm). Comme leur langue est exposée au soleil fréquemment, elle mange quasiment toute la journée. Sa langue est de couleur foncée et est ainsi plus protégée des coups de soleil.

Grand écart

Malgré sa longueur, le cou d'une **girafe** est trop court pour atteindre le sol ! En effet, pour que le plus grand des animaux « terrestres » de la planète (5,80 m de haut pour 1 500 kg) puisse boire, la **girafe**[73] doit faire un « grand écart » de près de 2 m avec ses pattes avant !

73. En trente ans à peine, le nombre de girafes sur Terre a chuté de 40 % ! D'après l'Union internationale pour la conservation de la nature (UICN), l'animal le plus grand du monde « se dirige vers son extinction ». Elle est déjà considérée comme disparue dans 7 pays d'Afrique.

Heureusement pour elle, l'exercice est assez rare puisqu'elle peut tenir sans boire plus de 48 heures. Il est également dangereux compte tenu de la position et rend une attaque de prédateur plus facile. En bonne santé, son principal prédateur et le lion, bien qu'elle puisse le tuer avec un seul coup de patte bien placé.

C'est également parce qu'elle met un certain temps à se relever qu'elle ne se repose au sol, recroquevillée, que si elle se sent en sécurité. Notons toutefois que c'est de toute façon l'animal terrestre qui dort le moins : elle est capable de se contenter d'une petite demi-heure de sommeil par jour, avec quelques minutes de sommeil profond.

◆

LE SAVIEZ-VOUS ?

Bien que **l'hippopotame** doive remonter à la surface pour respirer toutes les 5 minutes lorsqu'il est immergé, il est pourtant capable de faire sa sieste sous l'eau ! Comment fait-il ? Il possède un réflexe naturel qui le fait remonter automatiquement toutes les 5 minutes pour reprendre son souffle, et cela sans même se réveiller !

Mandala

Il existe plusieurs espèces de **girafe**, et certaines se caractérisent par leur magnifique robe très typée[74]. En voici quatre :

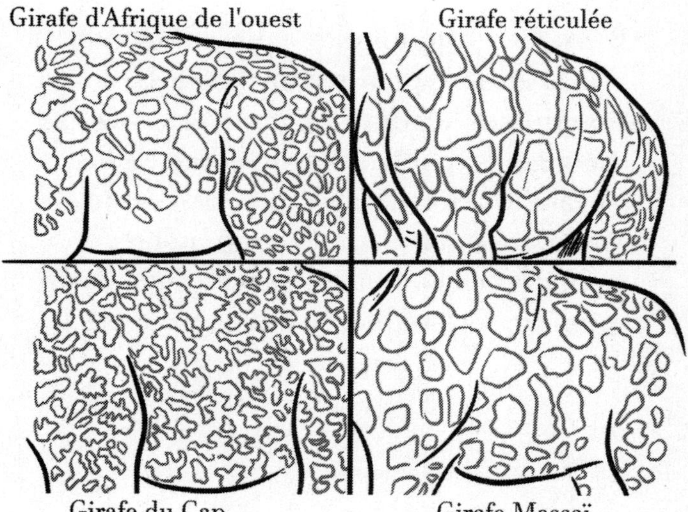

74. Le nom scientifique de la girafe, *Giraffa camelopardalis* vient des Grecs de l'Antiquité, qui pensaient qu'elle était le résultat de l'union entre le chameau et le léopard !

Test de fertilité

Chez la **girafe**, comme la période des chaleurs est courte, le mâle doit suivre la femelle longuement et s'assurer que c'est le bon moment. Mais comment le sait-il ? Il goûte son urine... S'il y décèle des phéromones, c'est bon, sinon... il recrache l'urine en un long jet fin et continue de patienter.

Et puisqu'on en parle, sachez que les **singes capucins** ont une façon bien à eux d'attirer les femelles : ils urinent dans la paume de leurs mains, puis répandent vigoureusement le liquide sur leurs quatre pattes afin de diffuser leur testostérone ! Les femelles sont alors conquises...

Pour lui montrer son intérêt, le mâle **mara** urine sur le dos de la femelle. Celle-ci sait alors en la reniflant si le mâle est en bonne santé et s'il est un bon reproducteur. Si ce n'est pas le cas, elle montre son désintérêt en... urinant à son tour sur lui.

Bienvenue au monde

Lorsque la **girafe** doit s'accoucher, elle retourne souvent à l'endroit où elle-même est née.

Sur place, le nouveau-né reçoit un accueil assez violent, faisant une chute de près d'1,50 mètre ! Si tout va bien, dans l'heure qui suivra, le **girafon** sera déjà debout et capable de courir ! Si ce n'est pas le cas, sa mère l'abandonnera.

Combat à mort

Quels sont les mammifères qui s'entretuent le plus ?

Les humains ? Non ! Les humains, les lions et les loups sont loin derrière... les **suricates** ! 20 % des morts chez cette espèce sont dus à d'autres individus de cette même espèce !

Les animaux mentent-ils ?

Pas tout à fait, mais ils sont capables des pires roublardises et de tromper leur monde avec malice. Les **chimpanzés** par exemple font preuve de ruse en se leurrant mutuellement : ils empruntent volontairement des chemins sinueux pour aller chercher de la nourriture, afin que leurs congénères ne puissent pas voir où ils vont.

Si un **babouin** est poursuivi par un congénère voulant l'affronter, il s'arrête brutalement, se dresse sur ses pattes et regarde fixement l'horizon, faisant semblant d'apercevoir un prédateur. Son poursuivant, inquiet, fait de même... et oublie le différend.

Faire le poids

Des **suricates** ont été observés lors d'un concours de prise de poids !

Lorsque la femelle dominante meurt, la femelle la plus lourde du groupe prend sa place. Une compétition démarre alors, dont le but est d'ingurgiter le plus de nourriture pour être la plus imposante possible !

◆

De génération en génération

Les **poissons-clowns** vivent en groupe et sont dominés par le plus gros d'entre eux qui est une femelle. Lorsqu'elle meurt, c'est le mâle dominant qui prend sa place en devenant une femelle ! La nouvelle femelle peut pondre dès 26 jours après son changement de sexe.

Cache-noisettes

Comme les vols sont courants dans la forêt (25% de la nourriture stockée par les animaux est dérobée par d'autres), si **l'écureuil** est observé par d'autres **écureuils** ou même par des oiseaux, il fait semblant d'enterrer minutieusement ses noix à un endroit (il peut ramasser jusqu'à 15 000 noisettes en une saison), puis va les cacher en lieu sûr ailleurs une fois leur attention détournée.

Malin ! Oui, sauf qu'il oublie très souvent où il les enterre... Du coup, il contribue à la repousse des arbres et au reboisement des forêts.

Cervelle d'oiseau ?

Rien à voir avec l'incroyable mémoire du **casse-noix** d'Amérique ! Cet oiseau est capable de se souvenir, jusqu'à 9 mois après, de plusieurs milliers de cachettes avec une très grande précision : il garde en mémoire plus de 5 000 endroits où il a caché des graines !

LE SAVIEZ-VOUS ?

Les **écureuils** sont de petits êtres très malins qui écoutent les « infos » au près des oiseaux : en effet, il prête une oreille attentive aux bavardages des oiseaux pour savoir s'il y a des prédateurs à proximité !

Course d'escargot

L'escargot possède son orifice de ponte près de sa tête.

Une ponte, qui arrive une fois par mois, est constituée de 80 à 120 œufs d'environ 4 mm de diamètre, et elle peut durer plusieurs heures ! Une à trois semaines après qu'un **escargot** a pondu ses innombrables œufs, de minuscules **escargots** commencent à sortir de leur coquille. Pour augmenter leurs chances de survie, les premiers dévorent les œufs qui sont en retard d'éclosion !

Arme blanche

Les **colibris** sont tout mignons, avec leur long bec qui sert à butiner les fleurs… Mais lorsque les mâles sont en concurrence pour une femelle, ils n'hésitent pas à utiliser ce fameux bec comme un poignard pour percer la gorge de l'adversaire !

Visez… Nourrissez !

Les petits du **coua huppé**, un oiseau endémique de Madagascar, possèdent d'étranges marques dans le bec qui disparaissent en grandissant. Les chercheurs pensent qu'elles servent d'identification pour les parents, ou de cible pour les nourrir dans la pénombre.

J'hallucine !

Banisteriopsis caapi est une liane en Amazonie qui a la particularité de provoquer des hallucinations à celui qui la consomme. C'est le cas du **jaguar** qui en mange les feuilles et se retrouve drogué. On prétend qu'elles optimisent sa capacité de chasse.

◆

Gourmand croquant

Le **jaguar** est cependant un puissant chasseur sans cela. Saviez-vous que contrairement aux pumas qui attaquent à la gorge, les **jaguars** perforent directement le crâne de leur proie en entrant leurs longues dents dedans grâce à leur puissante mâchoire ?!

◆

Avoir un appétit d'oiseau...

C'est bien, mais si c'est l'appétit du **colibri**... c'est autre chose !

Les **colibris** adorent le nectar, qu'ils boivent en faisant du sur place devant la fleur en battant des ailes jusqu'à 100 fois par seconde, et en déplaçant leur langue vers l'intérieur et l'extérieur des fleurs environ 13 fois par seconde. Possédant le métabolisme le plus rapide des vertébrés, ils dépensent une énergie considérable, malgré leur petit gabarit, et sont toujours affamés ! Ils peuvent alors consommer du nectar, en plus d'insectes pour les protéines, jusqu'à doubler leur poids en une journée ! Le **colibri** peut visiter jusqu'à 1 000 fleurs par jour !

Il vous faudrait manger 300 hamburgers pour correspondre à ce qu'ils consomment en une journée !

Minus

Le **colibri-abeille** (ou colibri d'Elena) est le plus petit oiseau de la planète !

Le mâle ne pèse qu'environ 1,6 g pour environ 5 cm, presque la taille d'un bourdon. La femelle, elle, semble pondre les plus petits œufs amniotiques du monde, dans de magnifiques nids miniatures ! Ce **colibri-abeille** est si petit qu'il doit souvent se battre contre des insectes comme les bourdons pour sa nourriture.

Un autre record que possède le **colibri**[75], c'est qu'il est le plus petit oiseau migrateur du monde. Il ne migre pas en groupe comme les autres espèces, mais voyage seul. Malgré ses quelques 9 cm de long et son poids d'environ 3 g, il peut parcourir jusqu'à 1 000 km d'un seul trait !

75. Les minuscules pattes du colibri ne sont utilisées que pour se percher. Il ne peut ni marcher ni sauter ! Il peut cependant se déplacer latéralement sur une branche, mais il préférera voler brièvement plutôt que d'avoir recours à ses modestes pattes.

Rikiki

Chez les mammifères, le plus petit du globe est une **chauve-souris** ! La **chauve-souris bourdon** ne mesure que 3 cm et ne pèse que 2 g seulement ! La **musaraigne européenne** (*Pachyure étrusque*) est certes un mammifère plus léger, avec 1,8 g, mais elle est un peu plus grande.

Pour ce qui est des **serpents**, en novembre 2016 fut découvert le plus petit du monde en Martinique : de son nom scientifique *Tetracheilostoma*, cette espèce est appelée **serpent de fil**. Il est aussi mince qu'un spaghetti et plus court qu'un crayon. Il ne dépasse pas 10 cm. Et il est si fin, qu'il pourrait ramper à l'intérieur d'un crayon si on en enlevait la mine ! Malgré sa minuscule taille, c'est un prédateur redoutable et vorace ; il rampe dans les nids de fourmis ou de termites et dévore leurs œufs et leurs larves.

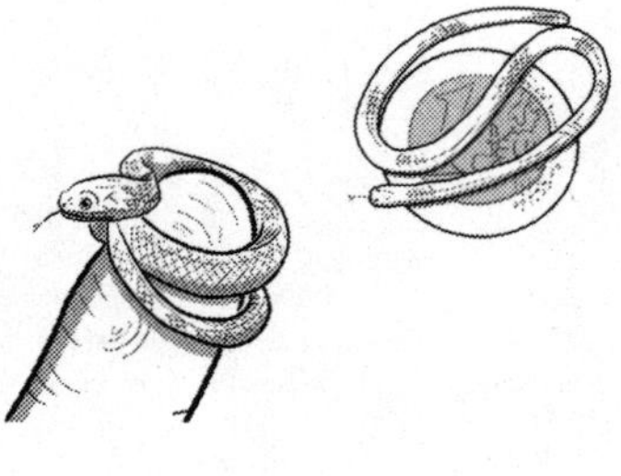

Sur Terre, quatre animaux sur cinq sont des vers nématodes !

Ces **vers** sont bel et bien les « maîtres du monde » en terme numérique : 440 milliards de milliards ! Soit environ 50 milliards pour chaque être humain. Comme les **vers nématodes** sont absolument dans tous les milieux de la planète (sols, eaux, plantes, animaux, humains…) et en nombre très élevé, si on faisait instantanément disparaître toute la matière de la Terre sauf eux, on pourrait encore vaguement discerner les formes de notre monde !

Records du monde chez les insectes !

Le plus lourd : le **scarabée Goliath**,115 g

Le plus long : le **phasme**, 56,7 cm

Le plus bruyant : la **punaise micronecta**, 99,2 dB

Celui qui bat des ailes le plus vite : le **moucheron *Forcipomyia*,** 1 000 battements/seconde

Le plus rapide au sol : le **scarabée tigre**, 9 km/h

Le plus rapide en vol : le **taon *Hybomitra*,** 145 km/h

Le plus rapide à la nage : le **coléoptère tourniquet**, 2,88 km/h

Le venin le plus puissant : la **fourmi rouge moissonneuse**

Celui qui a le temps de génération[76] le plus court : le **puceron *Rhopalosiphum***, 4 jours et 17 heures

76. Temps moyen entre deux générations consécutives dans la généalogie d'une population.

Celui qui pond les plus gros œufs : l'**abeille charpentière**, 16,5 mm de long

Celui qui a le mouvement le plus rapide : la **fourmi *Odontomachus*,** elle referme ses mandibules 2 300 fois plus vite qu'un clignement d'œil

Le plus fort au monde : le **scarabée *Onthophagus taurus*,** il ne pèse que 2 g, mais peut tirer une charge de 2,28 kg ! 1 140 fois son propre poids. Cela équivaudrait pour un humain de 70 kg à tirer 80 tonnes (six bus à deux étages).

Celui qui a la vie la plus courte : les **éphémères**, ils passent 3 ans à l'état de larve au fond des lacs, puis l'insecte ne vit qu'une heure en tant qu'adulte ailé !

Et enfin, les insectes vivants le plus longtemps au monde sont... des reines ! La **reine termite** et la **reine fourmi** : 50 ans !

LE SAVIEZ-VOUS ?

La femelle ***Dolania americana***, un insecte de l'ordre des **éphémères**, détient le record de la plus petite phase de reproduction : 5 petites minutes à peine après avoir été fécondée, elle pond ses œufs !

La générosité dans le sang

La chauve-souris vampire se nourrit uniquement de sang et peut mourir de faim si elle n'a rien absorbé depuis plus de deux jours.

Dans ce cas, elle est alors obligée de mendier auprès d'un congénère qui, généreusement, régurgite du sang pour le lui donner. Ce comportement à l'allure d'altruisme semble néanmoins se produire entre celles qui avaient déjà partagé leur repas avec les généreuses donatrices.

Le **géospize à bec pointu**, endémique des îles Galápagos, est lui aussi appelé le pinson vampire! Pourquoi ?

Lorsqu'il a très soif, il se pose sur la base de la queue des gros oiseaux marins qui se reposent, et leur pique le croupion avec son bec acéré pour boire leur sang !

Pinson VS T-Rex

Il a été calculé que, « proportionnellement à sa taille », le petit **pinson** des Galápagos possède une force de compression avec son bec 320 fois plus grande que celle d'un Tyrannosaure !

◆

La chauve-souris vole littéralement avec ses mains !

C'est le seul mammifère au monde capable de voler (et c'est une excellente nageuse !) mais contrairement aux oiseaux qui utilisent leurs bras, elle utilise ses très longs doigts qui sous-tendent une membrane de peau assurant la portance.

◆

Immunité

Les **chauves-souris** sont immunisées contre de nombreuses maladies qu'elles portent en elles ! Ce mammifère, grâce au fait qu'il puise voler comme un oiseau, augmente considérablement son métabolisme grâce à cette action particulière, et s'est ainsi forgé un incroyable système immunitaire.

Longue vie à l'envers

D'ailleurs, même s'il est vrai que beaucoup d'animaux vivent plus longtemps que l'être humain, si l'on tient compte du rapport taille/longévité, seules 19 espèces de mammifères vivent plus longtemps que l'Homme, et 18 d'entre elles sont des **chauves-souris** !

LE SAVIEZ-VOUS ?

La **chauve-souris grande noctule** est un prédateur qui est capable d'une prouesse très rare : il peut attraper des oiseaux en plein vol et les consommer sans se poser à terre !

Indispensables chauves-souris

Ces animaux sont très utiles à l'Homme. Dans plusieurs pays du monde, ce sont les **chauves-souris** qui sont responsables d'une grande partie de la pollinisation et de la dissémination des graines ! C'est d'elles que dépendent les bananiers, les dattiers, les manguiers et plus de 300 autres arbres ! Et même, sans **chauves-souris**, il n'y aurait pas de tequila ! En effet, la boisson nationale du Mexique est fabriquée à partir d'agave bleu (*Agave tequilana*), qui est pollinisée par... les **chauves-souris**.

Dinosaures et dragons miniatures

Le **lézard à collerette**, dans le nord de l'Australie et de la Nouvelle-Guinée, a non seulement la particularité de posséder une large collerette colorée qui le fait ressembler à un petit dinosaure, mais a aussi la capacité de courir sur ses pattes arrière sur de longues distances ! Lorsqu'il est menacé, il offre un spectacle saisissant : il ouvre sa gueule, déploie sa collerette, siffle et fonce sur l'adversaire. Mais s'il voit qu'il ne l'impressionne pas, il change alors de tactique... et s'enfuit sur ses pattes arrière jusqu'au premier arbre !

Les **dracos**, eux, sont des lézards arboricoles d'Asie qui ressemblent à de vrais petits dragons ! Lorsqu'ils sont menacés, ils peuvent « voler » sur une longueur équivalente à un terrain de football, en terminant toujours par un plongeon et un atterrissage parfait ! Cette prouesse est possible grâce à leurs côtes qui peuvent se déployer et à une peau qui s'ouvre avec elles, faisant office d'ailes. En général ils protègent deux ou trois arbres comme étant leur territoire, et volent de l'un à l'autre, ne laissant pénétrer dans leur zone que les femelles fertiles.

◆

Poésie sauvage

Les lourds éléphants d'Asie laissent des empreintes de pas dans le sol qui persistent près d'un an après leur passage. Avec beaucoup de poésie, ces petites fausses deviennent alors, remplies d'eau de pluie, de parfaits petits refuges pour les **grenouilles** qui y pondent leurs œufs !

Elle a fait un bébé toute seule...

Un cas très spécial chez les vertébrés existe avec les **lézards à queue en fouet** : comme il ne reste sur la planète que des individus femelles, elles se reproduisent seules, sans fécondation (on appelle cela la parthénogenèse), en divisant les ovules, créant ainsi une série de « clones » ! Le patrimoine génétique du petit est en effet presque identique à celui de la mère. Les autres femelles, qui ne sont pas en période d'ovulation, font un simulacre de copulation avec les femelles en période de reproduction, leur montant dessus comme le ferait un mâle. Ce simulacre semble favoriser la ponte.

Marcher sur l'eau

Sa faible masse et sa large surface de contact avec l'eau (due à ses pattes arrière palmées) donnent au **lézard Jésus-Christ** le « superpouvoir » de courir sur l'eau, à la vitesse de 10 km/h ! Cette course bipède, comme un humain, est d'autant plus remarquable que l'un deux, malgré sa petite taille, a été observé parcourant un lac de 400 m de long !

Plus le **lézard** est petit, plus il peut aller loin sur l'eau. C'est en plaquant son pied à plat sur l'eau rapidement, qu'il crée une poche d'air lui permettant de ne pas s'enfoncer et de se propulser vers l'avant.

Un humain de 80 kg qui voudrait faire la même chose que le **lézard Jésus-Christ** devrait atteindre 110 km/h avec une puissance 15 fois supérieure à celle d'une personne courant en montée.

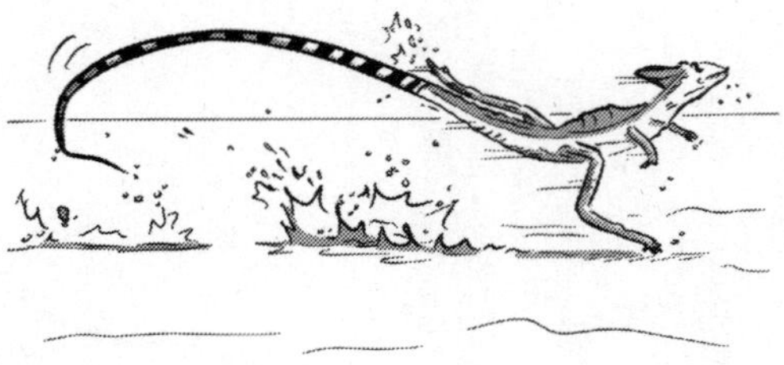

Clin d'œil sanglant

Le crapaud cornu, qui est en fait un lézard, possède l'étrange capacité de projeter des jets de sang depuis le coin de ses yeux !

Appelée « saignée réflexe », cette technique de défense déroute les prédateurs qu'il peut atteindre jusqu'à 1,50 m !

Le jet de sang qu'il tire sur ses prédateurs depuis le coin de son œil (il fait éclater des petits vaisseaux sanguins autour de ses paupières et peut envoyer un tiers du sang de son corps) est en plus très toxique. Les chercheurs pensent que cela vient de son régime alimentaire : il consomme principalement des fourmis qui possèdent elles-mêmes un venin toxique.

De la même façon, les **grenouilles *Dendrobatidae*** sont vénéneuses grâce aux fourmis elles-mêmes toxiques qu'elles consomment. C'est pourquoi ces **grenouilles** élevées en captivité et nourries différemment ne sont plus toxiques.

Le pouvoir de la langue

Toutes les techniques de défense chez les lézards ne sont pas aussi extrêmes. Le **scinque à langue bleue (*Tiliqua*)** australien se débarrasse des prédateurs avec une méthode des plus… cocasse : il leur tire la langue ! Sa langue bleue qui réfléchit la lumière ultraviolette lui permet de repousser oiseaux et renards, qui y sont sensibles.

Et le serpent, pourquoi sort-il toujours sa langue ?

La langue bifide (ou dite fourchue) des **serpents** leur sert en réalité à humer les odeurs ! Les deux extrémités de la langue sont reliées à l'organe chimiosensible de Jacobson, qui permet au cerveau de repérer la présence et la localisation d'une proie. Lorsqu'il sort sa langue, il capte les phéromones laissées par la proie qu'il suit, et la rentre pour les analyser avec son organe spécifique. Il est alors capable de savoir avec précision par où elle est passée, quand elle est passée, s'il doit aller à droite, à gauche, et suivre sa trace sur plusieurs kilomètres !

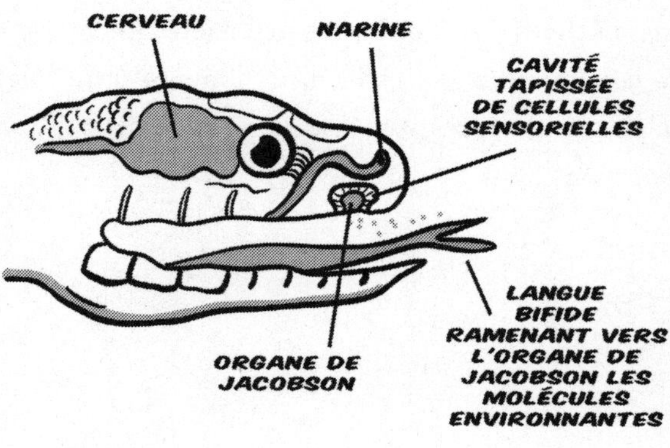

Séquence émotion

On pensait jusque-là le rougissement propre aux humains, mais des chercheurs français l'ont observé chez les **perroquets** lorsqu'ils sont émus : lors d'interactions avec leurs soigneurs (considérées comme positives), un rougissement apparaît sur leurs joues.

Autre émotion touchante chez le **perroquet**, le rire ! Le rire contagieux du **perroquet nestor kéa** (*Nestor notabilis*) fait de lui la première espèce non mammifère à pouvoir transmettre l'envie de rire à un autre de ses congénères, rejoignant ainsi les rangs des humains, des rats et des chimpanzés.

Des traits d'humour sont prouvés chez les animaux, comme par exemple chez la célèbre **gorille** nommée Koko (morte en 2018 à l'âge de 48 ans) qui connaissait des signes issus de la langue des signes américaine. Lorsque son éleveuse, Penny Patterson, lui montrait une serviette rouge et lui demandait sa couleur, Koko, retroussant ses babines en guise de sourire, lui répondait « blanche », en désignant un fin liseré blanc sur la serviette ! Une autre fois, Koko fut surprise en train de nouer entre eux les lacets de Penny, et lui suggéra ensuite de marcher...

Aviez-vous remarqué ?

Le **perroquet** est capable de faire une chose que la majorité des oiseaux ne peut pas faire : il peut porter la nourriture à sa bouche ! Il se perche sur une seule patte, et se sert de l'autre comme d'une main pour amener l'aliment à son bec !

Le requin a aussi son « talon d'Achille »!

S'il est retourné sur le dos, ce qui change son champ visuel, son cerveau le met en état d'immobilité tonique, qu'on appelle catalepsie ! Caresser son rostre (son museau) provoque également chez lui cet effet surprenant : il se met sur le dos, immobile !

Les requins n'ont jamais de caries !

L'extérieur de leurs dents est composé de fluorure, le composant actif de la plupart des dentifrices. De plus, ils remplacent leurs dents plusieurs fois au cours de leur vie, certains produisant jusqu'à 30 000 dents en 20 ans ! Le **requin-zèbre** par exemple, possède une rangée de 36 dents en haut et de 42 dents en bas... mais sur 13 rangées ! Soit un total de 1 014 dents dans la mâchoire. Seules les dents de la première rangée sont utilisées, et chaque fois qu'une dent tombe, une de la rangée inférieure vient prendre sa place, comme sur un tapis roulant.

D'ailleurs, fait étonnant, les **requins** ont un squelette entièrement composé de cartilages, comme dans nos oreilles.

LE SAVIEZ-VOUS ?!

Les **requins** ont un squelette entièrement composé de cartilages, comme dans nos oreilles.

Gang de requins

Vous avez surement remarqué que les **requins** portent des noms très variés, **requin-marteau**, **requin-scie**, etc. Eh bien voici quelques **requins** au nom insolite, et au comportement tout aussi surprenant !

Connaissez-vous le **requin-renard** ? Il est nommé ainsi pour son intelligence, peut atteindre 6 m de long, dont la moitié se compose du lobe supérieur de sa nageoire caudale ! Et cette interminable nageoire, il l'utilise comme un véritable fouet pour assommer ses proies !

Quand les chercheurs analysèrent les femelles **requin-taureau** en gestation, ils remarquèrent que malgré la douzaine d'embryons dans leur ventre, seuls deux en moyenne en sortaient. Que deviennent les autres ? Les embryons se dévorent entre eux avant même la naissance !

Existe-t-il des requins d'eau douce ? Le **requin** ne peut généralement pas vivre en eau douce. Mais le **requin-bouledogue** arrive à passer de l'eau de mer à l'eau douce d'un fleuve en ajustant en quelques jours la concentration d'urée et d'oxyde de triméthylamine dans son sang !

Le **requin-houle** utilise le clair de lune pour devenir vert fluo ! Ce sont les protéines fluorescentes de sa peau qui sont activées par la lumière bleue, la longueur d'onde la moins absorbée dans l'eau. Cela lui permet de communiquer avec les autres **requins**.

Le **requin-baleine** est le plus grand poisson de la planète ! Il est inoffensif pour l'Homme, il est plus grand qu'un autobus (environ 18 m pour 30 tonnes), et possède une bouche de 2 m de large avec laquelle il aspire tout ce qui se trouve sur son passage ! Il filtre ainsi 6 000 litres d'eau par heure pour chasser le plancton. Notons qu'il possède environ 4 000 dents, mais que leur utilité reste un mystère… vu que cet « aspirateur géant » ne mâche jamais !

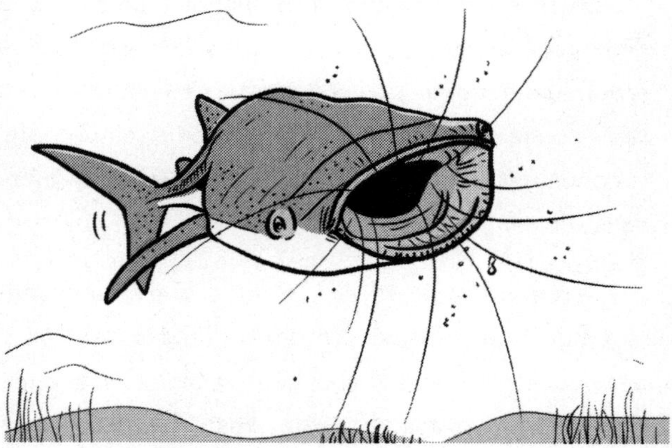

LE SAVIEZ-VOUS ?

La plupart des poissons possèdent une vessie natatoire, un organe rempli de gaz qui leur permet de contrôler leur flottabilité. C'est d'ailleurs à cause de cette poche, qui se trouve dans leur bas-ventre, qu'ils flottent le ventre vers le haut quand ils meurent. Mais le **requin-baleine**, plutôt que d'une vessie natatoire pour flotter, se sert lui d'une huile appelée squalène, qui est stockée dans son foie. Et comme il en a besoin en grosse quantité, son foie peut peser jusqu'à 2 tonnes ! Il est la cible des chasseurs pour cela.

Nénuphar far away

Si les **grenouilles** coassent toute la nuit, c'est en fait pour appeler les femelles. Certaines peuvent être entendues jusqu'à 1,6 km, et chaque espèce de **grenouille** a son chant particulier.

Deux en un

Connaissez-vous la **grenouille mâle coqui** (*Eleutherodactylus coqui*) ? Endémique de Porto Rico, elle possède un étonnant chant en deux temps et à double fonction simultanée : il est composé d'un faible « co », suivi d'un « ki » aigu. Ce chant a la particularité de simultanément menacer les mâles, grâce au « co » et d'attirer les femelles avec le « ki ». Ce qui est aussi saisissant, c'est que chacun des sons est adapté au système auditif mâle/femelle !

Regard de dentelle

La **rainette aux yeux rouges** (*Agalychnis callidryas*) possède une paupière supplémentaire qui, grâce à une jolie dentelle dorée, lui permet de fermer l'œil tout en surveillant l'approche d'un prédateur.

Elle utilise également une technique de défense appelée « coloration de surprise » : si un prédateur s'approche, elle ouvre d'un coup ses grands yeux rouge sang et le fixe sans bouger ! Cela déstabilise l'agresseur et offre à la **rainette** le temps de s'enfuir !

Pour se camoufler, la **rainette** qui est multicolore, replie ses pattes le long de ses flancs colorés, cache ses pieds orange vif sous son ventre, et surtout, ferme ses yeux rouge sang. La voilà toute verte comme une feuille !

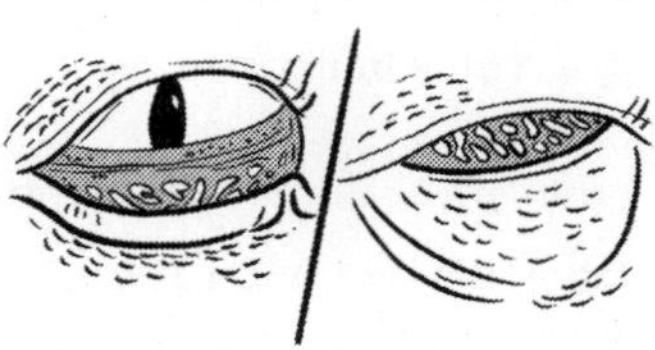

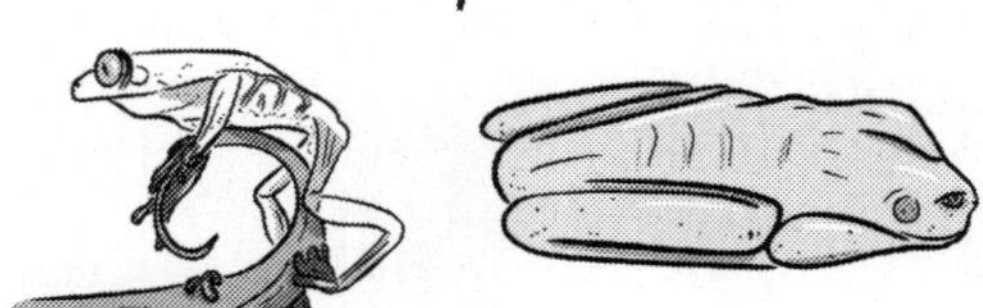

Si en période d'amour, la **rainette aux yeux rouges** doit repousser un rival, elle se contente de... secouer les branches autour d'elle ! En effet, les seules vibrations des branches que réceptionne le rival lui permettent de déterminer si le mâle qui le provoque est costaud ou pas, en fonction de la force des vibrations.

◆

Un petit coucou

La **grenouille dorée** manifeste des liens sociaux remarquables, à la fois par le chant, mais aussi par des gestes de la main ! Elle fait des mouvements circulaires, très lents, pour signaler aux autres **grenouilles** qu'elle est en train de venir vers elles.

Le mâle connait également un mouvement de main, qu'il fait grâce à une ondulation, lui permettant tout à la fois de séduire une femelle, et de repousser un adversaire.

LE SAVIEZ-VOUS ?

La **grenouille** *Phyllobate terribilis* est la **grenouille** la plus toxique au monde ! Elle sécrète son poison directement sur sa peau, et les tribus amazoniennes y frottent d'ailleurs la pointe de leurs flèches ! Le poison sur une seule **grenouille** de 5 cm pourrait tuer 10 hommes.

Frogverine

C'est le surnom de la **grenouille poilue africaine** (*Trichobatrachus robustus*) !

Elle possède au bout des doigts des os pointus et crochus, avec en leurs extrémités des os plus petits, non rattachés. En cas de danger, elle contracte fortement ses muscles et les os crochus se séparent des petits osselets pour venir carrément percer la peau ! Elle s'en sert alors de griffes ! Une fois l'ennemi lacéré, ses os reviennent en place et la peau se cicatrise, jusqu'à la prochaine sortie de ses griffes acérées.

Certaines **salamandres** sont aussi capables de faire sortir leurs côtes au travers de leur peau pour s'en servir comme des aiguilles défensives !

Les éléphants ne possèdent que 6 dents !

Ils ont 2 incisives, qui sont leurs défenses (et sont donc les plus longues dents du monde, jusqu'à 3,5 m), et juste 4 molaires. Mais ces molaires sont de la taille d'une brique, et pèsent 2,5 kg chacune. Ils n'en utilisent qu'une à la fois, et lorsqu'elles sont cassées ou usées, elles repoussent jusqu'à 5 fois. Par contre, ils doivent garder leur dernière molaire le plus longtemps possible, car une fois tombée, les **éléphants** meurent de faim.

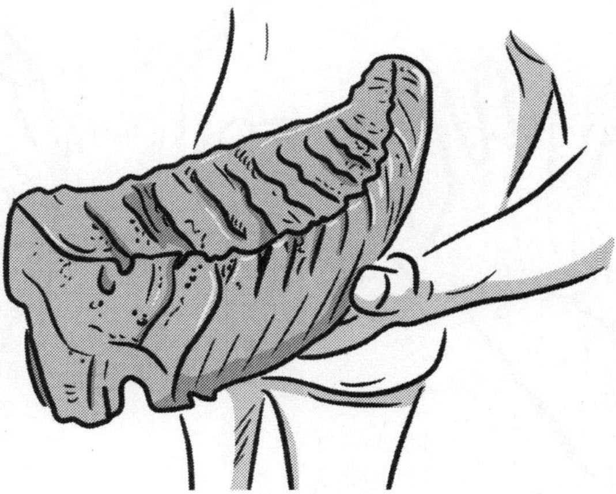

La mal-aimée

La plus grosse araignée du monde fait 30 cm et 175 g !

C'est la **mygale Goliath** (*Theraphosa blondi*). Elle vit en Amérique du Sud (alors que le mâle ne vit que 6 ans, la femelle peut vivre, elle, 25 ans) et est inoffensive pour l'Homme ; l'effet de son venin est comparable à celui d'une piqûre de guêpe. Mais sachez qu'elle est si lourde qu'on peut l'entendre marcher !

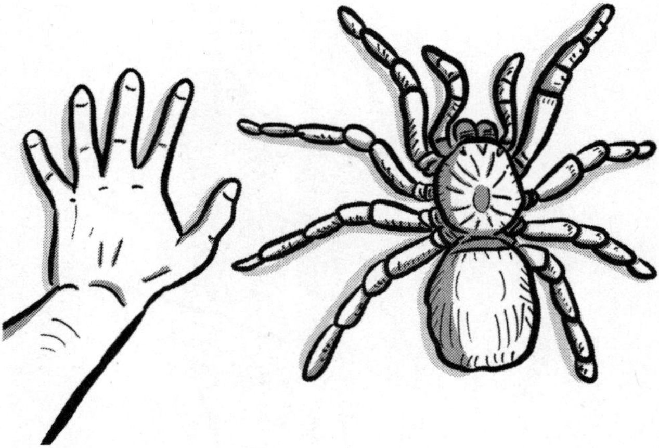

À l'inverse, la plus petite araignée du globe ne mesure que 0,37 millimètre ! C'est la ***Patu digua***, endémique de Colombie.

En ce qui concerne la **mygale *Altrax robustus***, elle est considérée comme l'araignée plus dangereuse du monde : son venin peut tuer un Homme en moins d'une heure et elle peut l'injecter au travers d'un jean ou du cuir de chaussures !

Pour beaucoup, une **araignée** est indissociable de sa toile d'araignée, pourtant... Saviez-vous que sur les quelques 50 000 espèces d'**araignées** connues de la science, la majorité ne produit pas de toile ?

Notons que pour celles qui en font, certaines toiles sont si résistantes qu'elles durent des années et servent à toute une succession d'occupantes.

La plupart sont néanmoins ré-ingurgitées par leurs créatrices quand elles sont abîmées afin de récupérer leurs protéines, et en faire une nouvelle !

Éponge à tout faire...

Des **grands dauphins** d'Australie utilisent carrément un autre animal, une éponge de mer[77], comme un outil protecteur... Ils la mettent sur leur rostre (museau), pour pouvoir fouiller le sol sans se blesser.

Ces éponges semblent si utiles au **dauphin** que des chercheurs de l'université d'Australie-Occidentale ont même constaté que lorsque le **dauphin à bosse** offre un présent à la femelle pour lui proposer de s'accoupler, il lui présente une éponge de mer sur son rostre qu'il a été pécher au fond de l'eau pour elle !

77. L'éponge de mer n'a pas d'yeux, pas de cerveau, ni de cœur, pourtant, c'est bien un animal !

Rétroviseur intégré

Le **cheval** n'a pas seulement les plus gros yeux de tous les mammifères terrestres… Il a aussi, grâce à ses pupilles horizontales, un champ visuel extrêmement large de 340° lorsque sa tête est pointée vers l'avant ! Rendez-vous compte, il peut ainsi voir de sa hanche gauche à sa hanche droite ! Autre amplitude impressionnante : le **lapin**, lui, voit à 360°, c'est-à-dire derrière lui sans avoir à tourner la tête.

La seule zone aveugle à l'avant du **cheval** se trouve juste sous son nez ! Il possède d'ailleurs de longs poils qui garnissent son menton, des vibrisses (qu'il ne faut jamais lui couper !), qui suppléent sa vision en transmettant des vibrations à un petit organe sensoriel situé à leur base.

Saviez-vous au passage que le mouvement de ses oreilles indique généralement ou le **cheval** regarde ?! L'oreille pointe vers l'endroit où le **cheval** regarde avec l'œil du même côté.

Faire les gros yeux

Niveau « gros yeux », le **tarsier** des Philippines possède, lui aussi, les plus gros yeux chez les mammifères, mais par rapport à sa tête ! Ils sont si gros qu'ils ne peuvent même pas tourner dans leur orbite ! Mais pas de problème, le **tarsier** peut tourner sa tête à... 180° de chaque côté (l'humain à 90°) !

De son côté, les yeux de l'**aigle** sont également énormes par rapport à la taille de son petit crâne : ils sont 20 fois plus volumineux que ceux des humains. À notre échelle, cela reviendrait à avoir des yeux aussi gros que des pamplemousses !

Tout être vivant confondu, c'est le **calmar géant** qui possède les globes les plus grands du globe ! Ils mesurent 27 cm de diamètre, soit la taille d'un ballon de basket[78] !

Pas si fou

Le tarsier des Philippines possède une autre particularité qui le fait parfois passer pour un fou : il pousse des cris… mais aucun son ne sort !

On a découvert qu'en réalité, cette bizarrerie est un « superpouvoir » : il utilise les ultrasons pour communiquer discrètement avec ses congénères !

78. Les yeux des calmars ont la même texture que ceux des humains ; de nombreux plongeurs témoignent du moment où ils ont croisé le regard d'une pieuvre ou d'un calmar et de l'émotion qu'ils ont ressenti.

Une triste particularité que possède ce petit animal aux grands yeux, qui est un des plus petits primates au monde, est qu'il peut se suicider lorsqu'il est mis en cage ! Les touristes, leurs voix ou les flashs le stresse au point qu'il frappe son fragile crâne contre la cage, ou s'arrête carrément de respirer...

Pourquoi les poissons nagent-ils en banc ?

C'est une stratégie qui a plusieurs avantages : le groupe est moins vulnérable aux prédateurs, l'accès à des partenaires de reproduction est simplifié, et cela facilite la chasse, car la proie ayant échappé à la bouche d'un poisson, finit dans celle du voisin !

Et les **étourneaux** qui volent en groupe serré et forment de magnifiques spectacles dans le ciel ? C'est en réalité un comportement anti prédateur basique qui crée ces jolies arabesques ! Chaque **étourneau** essaie de voler le plus près possible d'un de ses voisins pour éviter d'être attrapé par un prédateur, et cela forme ce que l'on appelle ces superbes murmurations.

LE SAVIEZ-VOUS ?

Le **travailleur à bec rouge** est un petit oiseau qui se déplace en colonie très dense de centaines de milliers d'individus ! Sa population est estimée à 1,5 milliard, et ils sont si nombreux, qu'en un endroit donné, une seule nuée peut mettre jusqu'à 5 heures pour passer !

Sagesse aérienne

La plupart des **grands oiseaux** qui volent en « V », (ou en « J »), le font pour accroître l'efficacité du vol et éviter les collisions. Bénéficiant de l'effet de tourbillon produit aux extrémités des ailes de celui qui est devant, la traînée du groupe est réduite de 65 % et la distance du vol accrue de 70 % ! Comme l'**oiseau** en tête ne bénéficie pas de cet avantage, ils se relaient tous régulièrement à ce poste[79] !

Les **petits oiseaux**, eux, ont moins d'avantages à voler en « V » comme les grands oiseaux, et se déplacent plutôt en groupe très serré. En les observant, on se demande comment ils font pour ne pas se percuter ! En fait, c'est parce que leur système visuel traite l'information extrêmement rapidement par rapport au nôtre, et leurs muscles sont également beaucoup plus rapides, leur évitant ainsi toute collision.

79. Les oiseaux aussi muent, pour renouveler leurs plumes usées. Mais comment garder la faculté de voler convenablement durant cette période ? En perdant leurs plumes de façon symétrique : si une tombe à droite, une autre tombera alors à gauche !

Licorne des mers

Chez les **narvals**, ce sont généralement les mâles qui possèdent la fameuse dent leur valant le surnom de « licornes des mers ». Seuls 15 % des femelles en ont une. Cette dent, pouvant aller jusqu'à 3 m de long et qui est flexible, est toujours torsadée dans le sens opposé à celui d'une vis, ce qui indique sûrement la latéralité de l'animal. Elle sert d'organe sensoriel et lui est utile pour se guider.

◆

Géants des mers

Un phénomène inexpliqué en zoologie est le « gigantisme abyssal ».

Au fond des océans, certains animaux sont étrangement plus grands que leurs semblables en surface ! L'isopode **bathynome géant** (*Bathynomus giganteus*), par exemple, atteint 50 cm et 1,7 kg, alors que ceux de la surface atteignent à peine 2 cm. On avance plusieurs hypothèses pour expliquer cet étonnant phénomène : peut-être la règle dite de Bergman s'y applique de façon constante, impliquant que « dans un milieu froid, les animaux tendent à avoir une masse corporelle plus importante, la proportion corporelle jouant un rôle dans la thermorégulation, et ils irradient moins de chaleur ». La rareté des prédateurs et les populations animales peu denses peuvent aussi s'ajouter à leur grand développement.

Un autre exemple de gigantisme abyssal est celui du **crabe-araignée géant** du Japon ! Vivant sur le fond de l'océan Pacifique, il est le plus grand arthropode connu de 3,5 m d'envergure, avec un poids de 20 kg ! Il peut également vivre 100 ans !

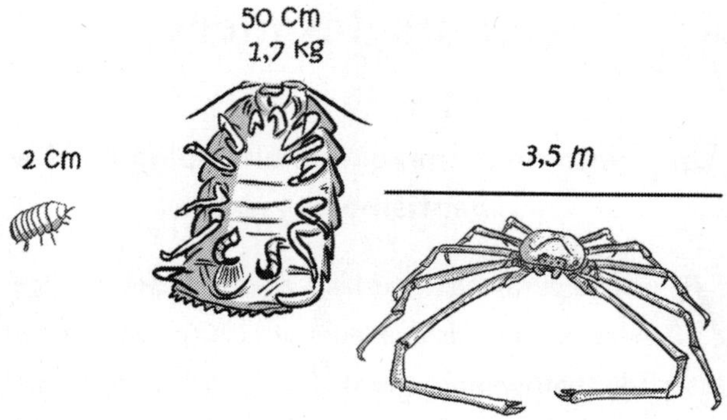

Les yeux en face des trous… ou pas !

L'incroyable **poisson *Macropinna microstoma*** voit à travers son crâne qui est totalement transparent ! Ses yeux sont les deux globes verts sous son dôme translucide (et ce qui ressemble à ses yeux sont en fait ses narines). Il est le seul animal connu au monde à avoir ses yeux recouverts de peau, à l'intérieur de sa tête. Il peut voir au-dessus de lui, au travers de son dôme, sans avoir à bouger la tête.

Regard de séductrice

On peut trouver le **crapaud sonneur à ventre jaune** pas très attirant, mais en tout cas, il possède un atout majeur... des pupilles en forme de cœur !

LE SAVIEZ-VOUS ?

Une équipe de zoologues a expliqué pourquoi certaines pupilles d'animaux sont horizontales ou verticales :

- Les verticales améliorent généralement la vue lointaine des prédateurs.
- Les horizontales offrent généralement une vision panoramique pour se protéger des prédateurs.

Entre quatre yeux

L'anableps, ou « poisson quatre yeux », a les yeux divisés en deux horizontalement.

Il peut alors voir sur et sous l'eau simultanément ! La moitié supérieure affleure pour la vision aérienne, et l'autre moitié reste immergée pour une vision sous-marine.

Mais ce n'est pas là la seule originalité de ce poison. Il possède une particularité reproductive assez singulière : les gauchers ne peuvent se reproduire qu'avec des droitières, et vice-versa ! En effet, l'**anableps** utilise une nageoire dédiée à la reproduction, appelée « gonopode », pour introduire son sperme dans la femelle lorsqu'ils sont côte à côte. Seulement, certains mâles ne peuvent utiliser ce gonopode

que vers la droite, et d'autres que vers la gauche, et les femelles ont leur fente génitale soit à droite soit à gauche également ! Les accouplements ne se font donc que lorsqu'un gaucher trouve une droitière, et une droitière un gaucher.

Limpide !

Les **cténophores** sont des organismes marins complètement transparents ! Ils sont carnivores et se mangent entre eux sans problème ! Comment les distinguer, donc ? Étant donné que l'action est, évidemment, totalement transparente, on peut voir la nourriture au travers du mangeur.

Ils détiennent également un record bien atypique... Pour la première fois dans l'histoire du règne animal, des chercheurs ont découvert un « anus intermittent ». Le **cténophore *Mnemiopsis leidyi*** ne voit un anus apparaître sur son corps que lorsqu'il doit déféquer, puis il disparaît sans laisser de trace...

Vous pensez être hyperactif ?

La **musaraigne**, un des plus petits mammifères au monde[80], doit manger tout le temps. Vraiment tout le temps. Elle possède un métabolisme si rapide, que si elle ne mange pas juste quelques heures, elle meurt littéralement de faim…

Pour réaliser à quel point son métabolisme est ultra-rapide, imaginez que son cœur bat à 1 000 pulsations/minute (15 fois plus qu'un humain) et qu'elle respire 850 fois/minute, soit 56 fois plus vite que nous !

Les **musaraignes** sont d'ailleurs des petits animaux si stressés de nature, qu'elles meurent parfois uniquement de peur !

80. La musaraigne est un animal minuscule mais a l'odorat si développé qu'elle peut détecter un ver de terre à 12 cm sous terre !

En hiver, le cerveau de la musaraigne rétrécit !

Afin d'économiser de l'énergie pour la saison froide, la taille de son cerveau diminue d'environ 30 % ! Et son crâne aussi se rétracte ! C'est au printemps, que la tête de ce petit être retrouve sa taille.

Chez les **écureuils gris**, c'est autre chose qui rétrécie. Les basses températures ont un effet sur leur reproduction. Les mâles subissent une spectaculaire régression testiculaire dès l'automne : leurs testicules se contractent de près de 90 % et passent d'environ 7 g à 1 g !

Open bar forestier

Le **ptilocerque de Low** (cousin des musaraignes) en Asie, se nourrit du nectar d'une plante ayant la plus grande concentration d'alcool jamais enregistrée dans un aliment naturel : 3,8 % ! Et il consomme l'équivalent de 9 verres de bière chaque nuit, sans jamais être ivre !

Le **carpophage** de Nouvelle-Zélande est un pigeon lui aussi réputé pour sa gourmandise et pour sa grosse consommation de baies fermentées qui le rendent complètement ivre ! Il n'est pas rare alors de le voir adopter certains comportements des plus cocasses, comme de se suspendre aux branches la tête en bas !

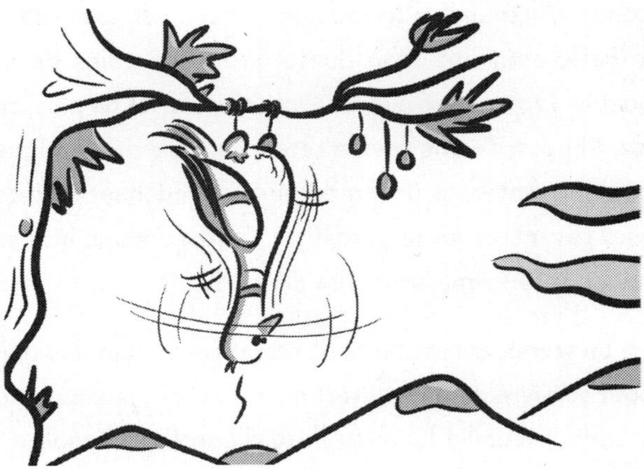

Buvette mobile

Le moloch, ou « diable cornu », est un reptile buvant par l'intermédiaire de ses pattes !

Les canaux situés à la surface de sa peau couverte d'épines, utilisent le phénomène de capillarité, comme lorsque l'on trempe un morceau de sucre dans le café, amenant l'eau du sol jusqu'aux coins de sa gueule. De sa « vrai gueule », car singularité de plus, ce lézard possède une fausse tête à l'arrière de sa nuque qu'il présentera à un prédateur en penchant la tête vers l'avant et en la gardant à l'abri pendant que sa fausse tête épineuse servira de leurre.

Le **stenocara** est un petit scarabée de Namibie qui, pour survivre dans ce désert qui est un des plus secs au monde, recueille lui aussi l'eau d'une façon insolite : il récolte l'eau provenant de la rosée matinale sur sa carapace hydrophile, puis se penche en avant pour la faire glisser jusqu'à sa bouche.

Les écureuils raffolent des champignons

Mais avant de les stocker, ils ont l'intelligence de les poser sur des branches afin de les faire sécher (pour mieux les conserver) ! Ensuite seulement, ils les placent dans leurs réserves pour l'hiver.

Les fourmis ont de la truffe

Les **fourmis,** elles, ne se contente pas de ramasser des champignons, elles les cultivent carrément elles-mêmes ! En bonnes agricultrices, elles plantent, récoltent, conservent, mais aussi protègent leurs champignons : certaines ont pour rôle d'inoculer des bactéries pour ensuite être des remparts vivants contre les pathogènes.

Les **fourmis coupe-feuille** utilisent un engrais qu'elles font elles-mêmes dans leurs jardinières où elles cultivent les champignons : elles découpent, grâce à leur mâchoire qui vibre 1 000 fois par seconde, des morceaux de feuilles qu'elles transportent avec leurs dents, malgré un poids 50 fois plus important qu'elles, sur des centaines de mètres jusqu'au nid. Une fois là-bas, les feuilles sont mâchées, enduites de salive et d'excréments, et servent d'engrais aux champignons.

Grand et maladroit

L'**albatros hurleur** est l'oiseau actuellement sur la planète qui possède la plus grande envergure (étendue des ailes déployées) avec 3,10 m de moyenne, et un maximum observé à 3,70 m ! Soit deux personnes d'1,85 m mises bout à bout !

L'**albatros hurleur** est aussi connu pour voler avec beaucoup d'aisance. Par contre, c'est un marcheur très gauche : il lui arrive de se marcher sur les palmures et de trébucher. Ses atterrissages, tout aussi catastrophiques, finissent parfois en lourde chute suivie de tonneaux !

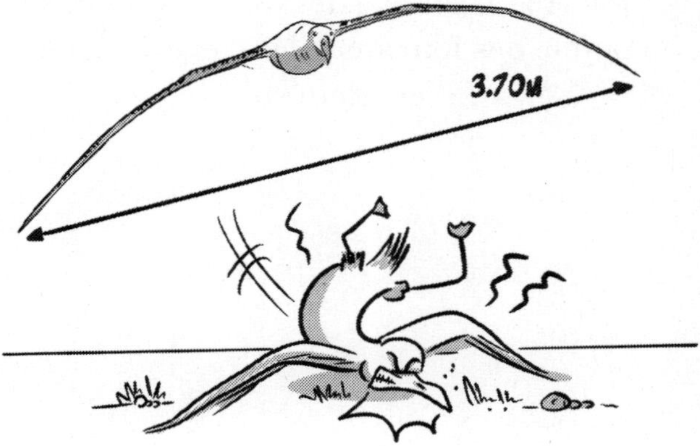

LE SAVIEZ-VOUS ?

Aucun autre oiseau ne passe autant de temps dans le ciel ! Le **martinet** est capable d'une prouesse prodigieuse : il peut rester dans les airs plus de 6 mois entier sans jamais se poser une seule fois à terre ! Il mange des insectes volants, comme des fourmis ailées, et dort même en plein vol.

L'araignée piscivore chasse le poisson !

À l'affût sur un objet flottant, elle y pose quatre pattes et met les quatre autres sur l'eau, pour détecter les vibrations ! Elle capture alors rapidement sa proie, lui injecte une dose mortelle de venin, et l'emporte.

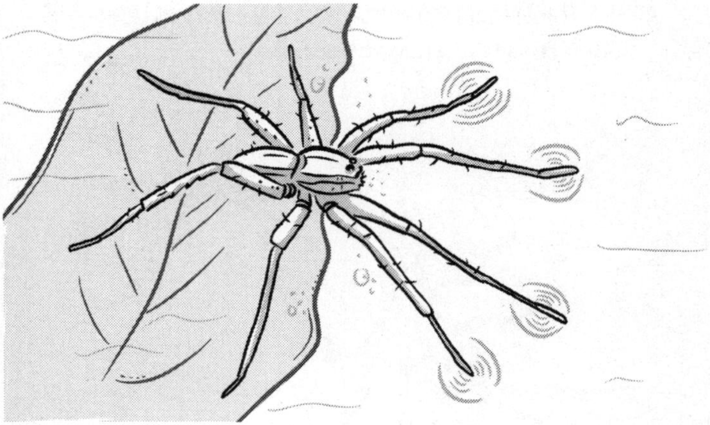

Dans sa bulle

L'*Argyroneta aquatica* est une **araignée** qui vit quasi intégralement sous l'eau ! Comme elle n'a pas de branchies mais des trachées, son système respiratoire est alimenté via une bulle d'air ! Cette bulle englobe son abdomen et le début de ses pattes. Elle est même capable de surveiller le niveau de dioxyde de carbone à l'intérieur de son scaphandre, et remonte lorsqu'il faut changer l'air de sa bulle. Elle peut rester dans sa bulle durant deux années entières, tout en chassant, se nourrissant et élevant ses petits.

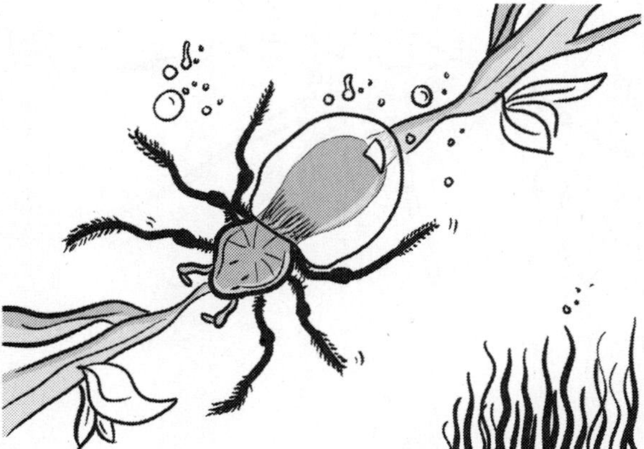

De la même manière, le **lézard aquatique** peut rester sous l'eau pas moins de 16 minutes ! Comment fait-il ? Ce petit génie garde lui aussi une bulle d'air sur sa tête ! Cela lui permet alors de se cacher momentanément de ses prédateurs terrestres !

Plongée sous-marine

Pour chasser, cette **mouche** se dote également d'un scaphandre ! Grâce à une bulle d'air qu'elle crée autour d'elle, la **mouche *Ephydra hians*** peut plonger dans le lac californien Mono qui est très salé et alcalin, et mortel pour la plupart des autres animaux !

Somme en bulle

Un autre qui pourtant respire très bien sous l'eau mais adore les bulles, c'est le **poisson-perroquet** (appelé ainsi non seulement pour ses couleurs, mais surtout pour son bec puissant). En effet, il dort dans une bulle qu'il sécrète avec un mucus formant une protection tout autour de lui. Cela empêche les prédateurs de le sentir et il peut dormir tranquillement.

◆

Soins balnéaires

Certains oiseaux, comme les passeriformes, prennent des bains… de fourmis !

Ils se posent à proximité d'une fourmilière, et laissent les fourmis leur monter dessus, voire même les déposent avec leur bec, pour qu'elles leur nettoient les ailes.

Fourmi Taxi

Cette **fourmi *Myrmica*** en transporte une autre (dans une position assez improbable) qui n'est ni morte, ni malade, ni feignante... C'est juste une habitude qu'elles ont pour économiser de l'énergie, et gagner du temps plutôt que de se suivre !

Vous imaginez-vous venir au monde déjà enceinte ?

C'est pourtant ce qui arrive chez les **pucerons**, la grande majorité naissent déjà enceintes ! Les femelles portent en elles une femelle qui porte en elle une femelle...

Imitation game

Le don d'imitation du **perroquet** ne sert pas qu'à amuser les humains. Il sait utiliser cette capacité avec une grande ruse puisqu'il peut imiter les cris des prédateurs de ses prédateurs !

En Australie, des **perroquets sauvages** ont été entendus en pleine nature prononcer des mots de langage familier humain ! Ce sont des **perroquets domestiques**[81] échappés ou relâchés qui leur ont appris !

81. Parmi les espèces de perroquets vivant à l'état sauvage dans plus de vingt états des États-Unis d'Amérique, au moins 23 ne sont pas originaires du continent et sont en réalité des oiseaux de compagnie échappés ou lâchés dans la nature par leurs propriétaires.

Beignets chauds !

Un peu comme l'*Ouroboros*, ce fameux serpent ou dragon qui se mord la queue, le **lézard zonure** met sa queue dans sa gueule afin de protéger son ventre des attaques. Il prend ainsi la forme d'un « beignet d'écailles piquantes » qui dissuade son prédateur !

Cela rappelle le timide et petit **requin *Haploblepharus pictus*** qui, lorsqu'il est menacé, se recroqueville en cercle et cache ses yeux avec sa queue. Ce mignon comportement lui vaut le surnom de « requin beignet ».

À demain, je t'aime

Alex était un **perroquet gris** du Gabon qui fut étudié durant 30 ans, de 1977 à 2007, et qui semblait vraiment comprendre ce qu'il disait. Il répondait juste à 80% des tests. Parfois fatigué, il disait « je pars », s'il ratait une expérience il disait « désolé ».

Alex fut aussi le premier animal à poser une question « existentielle ». Après avoir appris à différencier les couleurs avec succès, il demanda de quelle couleur il était lui. On lui dit « gris ». Les singes, formés à utiliser des signes de la langue des signes américaine, n'ont par exemple jamais posé de questions sur eux-mêmes.

Bien qu'il les répétait chaque soir, les derniers mots d'Alex avant de mourir furent : « à demain, je t'aime. »

LE SAVIEZ-VOUS ?

Chez les **oiseaux**, il peut être très difficile de différencier un mâle d'une femelle (les organes génitaux extérieurs étant des cloaques). Pour la plupart des **perroquets** par exemple, le seul moyen d'être sûr à 100 % de leur sexe est de faire un test ADN !

Barbie Cheetta

En 14 ans de surveillance, des chercheurs américains ont montrés que les **chimpanzés** femelles jouent réellement à la poupée, comme les petits humains, avec des bouts de bois.

En 2014, des chercheurs remarquèrent également chez un groupe de **chimpanzés** au Zambie qu'une « mode » fut lancée par l'un d'entre eux : une femelle mit un brin d'herbe dans son oreille et 8/12 des **chimpanzés** le firent aussi. Cette coquetterie continua même après sa mort.

Les **macaques** japonais, eux, savent se transmettre des habitudes alimentaires : dans les années 1950 sur l'îlot de Kojima, une femelle **macaque** fut observée en train d'enlever le sable sur une patate douce avant de la manger. D'autres femelles l'imitèrent, et elles prirent l'habitude de laver leurs patates douces. Mais le groupe ne s'arrêta pas là et chaque nouveau morceau croqué était bientôt lui aussi trempé dans l'eau salée, pour assaisonner le plat. Cette habitude alimentaire est maintenant transmise de mère en fille à chaque fois que ces dernières sont conduites au bord de l'eau salée pour la première fois.

Cocotte la videuse

Le **frelon** asiatique est arrivé en France en 2004 de façon clandestine, caché dans des poteries chinoises. Depuis, il fait des ravages chez les abeilles. Mais un animal défend ces dernières : la **poule** !

C'est une redoutable chasseuse, et elle protège les ruches en gobant les **frelons** ! Alors qu'ils sont en vol stationnaire devant les ruches, les **poules** attrapent les **frelons** d'un coup de bec, puis elles les décapitent afin de ne manger que le corps, pour ses protéines. Les abeilles elles, ne s'en portent que mieux.

Les lionnes préfèrent les bruns !

Des chercheurs ont démontré que les **lions** à crinière brune ont effectivement plus de succès avec les **lionnes** qui les préfèrent aux **lions** à crinières blondes ! Et pour cause, les bruns ont effectivement plus de testostérone.

Le moustique se moque de la pluie !

Pourtant, recevoir une goutte d'eau sur lui reviendrait pour un humain à recevoir sur le dos un orque femelle ! Mais le **moustique** gère : lorsqu'il reçoit une goutte d'eau de pluie durant son vol, il encaisse le choc en accompagnant la goutte vers le bas en plongeant en piqué, bien que cela le fasse tomber de 5 à 20 fois sa taille très rapidement, entraînant une accélération de 100 *g* à 300 *g* (un pilote d'essai entraîné supporte 10 *g*), puis il reprend tranquillement sa course, jusqu'à la prochaine goutte !

Précisons toute fois que la même goutte d'eau, qu'il gère parfaitement dans les airs, le tuerait si elle venait s'écraser sur lui au sol…

Bien que le bruit du moustique soit des plus irritants…

Il est la preuve audible d'un petit exploit qui se produit au creux de votre oreille : c'est parce qu'il bat des ailes 4 fois plus vite que tous les autres insectes de même taille ! Entre 700 et 2 000 fois par seconde !

Comme une fleur

L'**élysie émeraude** est le premier animal découvert capable de réaliser la photosynthèse ! Cela avec des chloroplastes (ce qui permet de convertir la lumière du soleil en énergie) « volés » à une algue dont il se nourrit. Il peut ainsi vivre jusqu'à 10 mois grâce à la lumière du jour, sans autre apport nutritif.

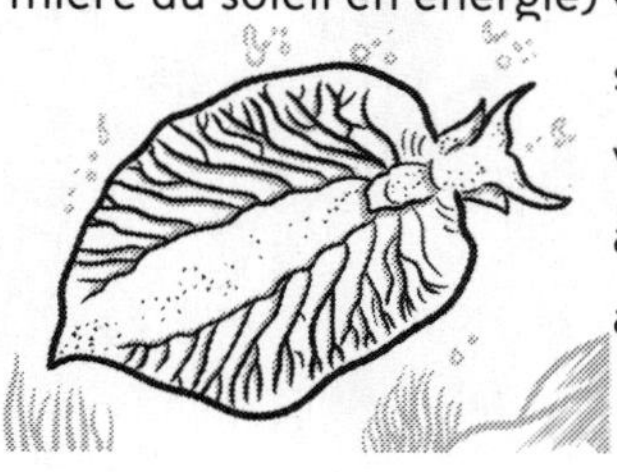

De même, ce minuscule **nudibranche** (5 mm) ou « mouton des mers », possède lui aussi cette curiosité biologique. Ne digérant pas les chloroplastes des algues qu'il mange, il les intègre dans son organisme, et se retrouve capable également de photosynthèse !

Huummm !

Alors que l'humain fait des « hummm » en mangeant lorsque c'est bon, le **gorille**, lui, fredonne en dégustant ses plantes préférées ! Les chercheurs pensent que ces sons inciteraient le reste du groupe à rester à un endroit puisque la nourriture y est bonne.

Une vraie boucherie

Le poids de la population mondiale d'**araignées** représente environ 25 millions de tonnes, et elles sont les plus grandes consommatrices d'insectes[82] de la planète, avec 800 millions de tonnes par an !

Soit un plus gros appétit que toutes les baleines du monde, qui mangent jusqu'à 500 millions de tonnes de proies par an.

Les **araignées** consomment même deux fois plus de viande d'insectes que les humains ne consomment de viande animale, soit l'équivalent d'environ 25 000 kg/s !

Autre comparatif saisissant : le poids des insectes consommés chaque année par les **araignées** françaises dépasse le poids de tous les Français réunis !

82. Sur les 8 à 10 millions d'espèces animales peuplant notre planète, 90 % sont des insectes !

Jamais loin de nous ?

1 600 espèces différentes d'**araignées** existent en France, et elles sont près d'une centaine à vivre sur chaque mètre carré de prairie[83] ! Donc oui, elles ne sont jamais loin de nous !

Mais vous pouvez dormir tranquille[84], le fait que les **araignées** puissent pondre sous votre peau est un mythe. Elles ont bien des crochets pour mordre, mais pas d'organe perforateur pour pourvoir pondre leurs œufs sous quelque chose ! De la même façon, le fait qu'un être humain avale environ 8 **araignées** au cours de sa vie en dormant n'est qu'une information inventée de toutes pièces.

Notons par contre que les **araignées** peuvent survivre beaucoup plus longtemps dans un aspirateur que vous ne le pensez... Elles survivent souvent à l'aspiration sauvage qui mène jusque dans le sac, et peuvent y vivre jusqu'à 200 jours !

---

83. L'araignée est signe de maison saine ! Moins une maison est polluée, plus elle attire les araignées, friandes de biodiversité.
84. Les araignées qui vivent en France sont moins dangereuses que les guêpes ou même que les moustiques ! Une quinzaine de personnes meurt chaque année en France à la suite de piqûres de guêpe, abeille ou frelon, mais jamais suite à une morsure d'araignée.

Quand la femelle **araignée *Amaurobius ferox*** a mis au monde ses petits, elle tambourine sur sa toile, les appelant à venir la dévorer vivante !

Ce sacrifice ultime[85] lui permet de leur donner protéine et énergie. Elle s'autoliquéfie mais garde son cœur, ses intestins et ses ovaires fonctionnels pendant 15 jours pour pouvoir pondre d'autres œufs au cas où ses petits se seraient fait manger entre temps !

C'est très physique !

Le **gecko** ne tient pas aux murs grâce à des ventouses ou à une substance adhésive, mais grâce à... l'électromagnétisme !

Des micropoils interagissent avec les molécules de la paroi ! Les charges + ou - des atomes s'attirent, créant une puissante adhésion ! La force adhésive qui permet au **gecko** de marcher sur les murs[86] et les plafonds est telle, qu'un **gecko** adulte pesant 100 grammes peut tenir au mur avec « un seul doigt » !

85. On appelle le fait de se nourrir de la mère la matriphagie.
86. La seule surface sur laquelle les pattes du gecko n'adhèrent pas est le Teflon, celle des poêles !

LE SAVIEZ-VOUS ?

La seule surface sur laquelle les pattes du **gecko** n'adhèrent pas est le Teflon, celle des poêles !

Il n'y a pas que le chat qui retombe sur ses pattes !

Le **gecko** lui aussi, atterrit toujours sur le ventre ! Comment fait-il ? Lorsqu'il chute ou saute d'un mur, il fait pivoter sa queue qui entraîne alors tout son corps à tourner en moins de 100 millisecondes !

Reines de la planche !

Vous avez sûrement ces images populaires en tête indiquant que les **loutres** se tiennent la patte pour ne pas s'éloigner l'une de l'autre durant leur sommeil en flottant sur l'eau. Mais elles savent aussi se débrouiller pour ne pas dériver de l'endroit où elles se reposent en se nouant carrément des algues autour du corps ! Elles dorment ainsi amarrées. Les **loutres** sont aussi les reines de la planche, et portent leurs petits sur le ventre pour les protéger de l'eau froide[87].

---

87. L'humain, bien qu'il ne les voit pas car ils sont trop fins et courts, est en réalité couvert de poils ; sur certaines zones (tête, aisselles...) il a jusqu'à environ 500 poils/cm^2. Mais cela est loin derrière la loutre qui détient le record avec 150 000 poils/cm^2 !

Vous pensez avoir un gros appétit ?

Le **grand avaleur** est un poisson abyssal qui possède une mâchoire extensible lui permettant d'avaler des proies faisant quatre fois sa taille ! Elles finissent alors dans son incroyable estomac élastique !

Le monde à l'envers

La plupart des chauves-souris attendent d'être en vol pour uriner et déféquer.

Cependant, certaines le font aussi quand elles sont posées : soit la tête en bas et en se cambrant pour faire partir le jet au loin, soit en se retournant carrément le temps de faire leur affaire, pour se remettent ensuite à l'envers.

Elles mettent également bas suspendues ! Une fois sorti, le petit descend instinctivement sur le ventre de sa mère qui l'attrape alors avec ses ailes pour ne pas qu'il s'écrase au sol.

Mais au fait, ne se fatigue-t-e agrippée à une poutre par les pattes durant des heures ? Absolument pas, car le verrouillage de ses orteils à un support est mécanique, et non musculaire, il n'y a donc aucune consommation d'énergie. C'est d'ailleurs pour cela qu'on retrouve parfois des **chauves-souris** mortes encore accrochées.

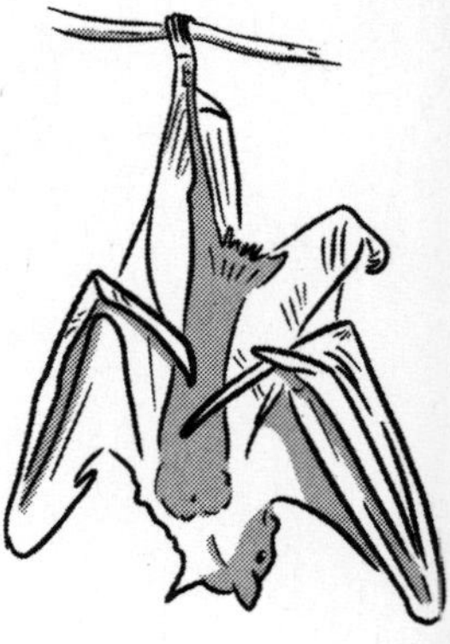

Si la **chauve-souris** dort accrochée la tête en bas c'est pour des raisons de sécurité : elle évite les prédateurs au sol (elle ne peut pas rester au sol, elle ne tient pas debout sur ses pattes), et dans cette position, elle s'envole plus vite en se laissant tomber et en prenant rapidement de la vitesse grâce à la gravité !

Il faut noter cependant que toutes les **chauves-souris** ne dorment pas la tête en bas. ***Thyroptera***, dit la « chauve-souris à ventouses », dort, elle, enroulée dans une feuille de bananier où elle se maintient grâce à ses ventouses à chaque patte et s'y repose… la tête en haut !

Les **chauves-souris** sont assez petites pour que la gravité n'entrave pas leur flux sanguin, et le sang ne leur monte pas à la tête lorsqu'elles sont à l'envers.

◆

Comment un fil d'araignée peut-il être aussi solide ?

En effet, imaginez qu'un câble tressé de fils de soie d'**araignée** du diamètre d'un petit doigt puisse arrêter un Boeing 747 en plein vol ! Et de la grosseur d'un pouce, il soulèverait 10 autobus ! D'où vient cette force ? Ce fil de soie[88], que l'**araignée** produit grâce à ses glandes et qu'elle peut générer à la vitesse de 10 cm/s, possède la même résistance que celle d'un fil d'acier de même taille.

Cela est dû à ses propriétés très élastiques, qui viennent de la composition du fil : la soie est une protéine constituée de polymères, qui lorsqu'elles sont alignées sont solides, et lorsqu'elles sont entremêlées, sont plus souples. C'est la combinaison des deux qui rend le fil de soie si costaud et souple à la fois.

88. Si un fil d'araignée pouvait faire le tour de la Terre, il pèserait à peine... 320 g. S'il pouvait relier la Terre et la Lune il pèserait à peine 2 kg ! Poussons le calcul plus loin, s'il faisait la distance Terre-Soleil (1 UA), il pèserait 1 200 kg, soit 1,2 tonnes. Et pour une distance Pluton-Soleil (1,2x10^9 km), le fil pèserait 9 600 kg, soit 9,6 tonnes.

De justesse

La chauve-souris est capable, grâce à l'écholocation, de percevoir l'emplacement et la taille des objets avec une précision inouïe !

Elle peut par exemple détecter un fil de 0,1 mm de diamètre à 10 m de distance !

De nombreux insectes se protègent des **chauves-souris** en entendant leurs sons ultrasoniques, et en fuyant. Mais comment fait le **papillon de nuit**, qui lui est sourd ? Au lieu d'utiliser son ouïe, il utilise ses ailes velues qui absorbent 85 % de l'énergie sonore, se rendant ainsi quasi invisible aux **chauves-souris** !

Quel animal produit les plus grands spermatozoïdes du monde ?

Vous pensez sans doute de suite à la baleine ? Ou encore à l'éléphant ? Eh bien vous êtes loin, très loin du compte. Le plus grand spermatozoïde de la planète, qui mesure près de 6 cm, est produit par... une **mouche** de 3 mm ! Oui vous avez bien lu ! La **mouche *Drosophila bifurca***, qui vit au Mexique et au Sud-Ouest des États-Unis d'Amérique, produit des gamètes qui une fois déroulées, sont près de vingt fois plus longues que son corps ! À titre de comparaison, la baleine produit des gamètes d'un dixième de millimètre, plus petit que ceux des souris, et ceux de l'éléphant n'atteigne pas le millimètre, quand ceux de l'homme font 0,075 mm.

LE SAVIEZ-VOUS ?

Proportionnellement à la taille de son corps, le **poisson-ogre** possède les plus grandes dents au monde !

Il ne peut même pas fermer sa mâchoire !

« Auto » défense

Le **babiroussa,** lui, est un genre de cochon omnivore (il mange même de la terre et de la roche) qui possède deux défenses atypiques, des canines, qui poussent vers le haut et se recourbent vers le crâne ! S'il ne les use pas régulièrement, elles finissent par littéralement le transpercer !

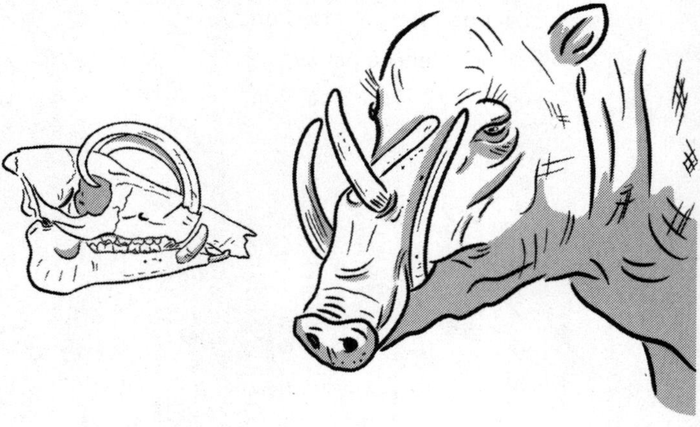

Les petits animaux perçoivent le temps « au ralenti » !

Cela parce qu'ils traitent plus d'images à la seconde que les gros animaux. C'est pourquoi, par exemple, une **mouche** est si difficile à attraper, elle voit notre main arriver en « *slow-motion* » ! De plus, ses grands yeux globuleux possèdent 3 000 facettes qui sont chacune orientée dans une direction à 360°. Impossible de la prendre par surprise !

Flash !

Bien que les petits animaux aient la capacité de capter plus d'images à la seconde, le **coléoptère tigre**, lui, se déplace si vite (120 fois sa longueur de corps en une seconde) qu'il en devient carrément aveugle durant sa course ! Il doit alors s'arrêter régulièrement pour réévaluer sa position !

VOUS EN DOUTIEZ-VOUS ?

Si les **mouches** époussettent régulièrement leurs pattes en les frottant ensemble, c'est parce que leurs récepteurs du goût et de l'odorat sont dessus. De plus, nettoyer régulièrement leurs pattes leur assure d'être opérationnelles en vol, car leurs vibrisses leur permettent de détecter les courants d'air, et doivent donc rester impeccables.

Tortue *open bar*

En Amazonie, pour subvenir à leur besoin en sel, les papillons, très ingénieux, se posent sur le visage des tortues qui les laissent faire, et boivent leurs larmes.

Moins poétique, et plus incroyable encore, les **abeilles *Lisotrigona*** se désaltèrent au coin des yeux humains ! Ces petites **abeilles** de Thaïlande sont en effet friandes des larmes humaines, recherchant leurs protéines et le sel provenant du liquide lacrymal. Cette **abeille** est si délicate qu'on ne la sent même pas s'accrocher à nos cils. Par contre, si elles s'y mettent à plusieurs, l'effet est beaucoup plus désagréable, provoquant un surplus de larmes. Fermer les yeux n'y change rien, elles continueront de sucer la paupière.

Les **poissons chirurgiens jaunes** tiennent de véritables « stations de soins » !

Ils accueillent les tortues de mer à leur station et mangent les parasites et les algues accumulés sur elle. Elle est alors en meilleure santé et les **chirurgiens jaunes** eux, sont rassasiés.

◆

Les oies sont très solidaires !

Si durant leur vol en formation l'une d'entre elles est malade ou blessée, deux autres laissent le groupe pour rester au sol avec elle et la protègent jusqu'à ce qu'elle guérisse, ou meure. Ensuite seulement elles repartent.

◆

Mammifère marin ou poisson ?

En plus de leur mode de reproduction et quelques autres critères, on peut les différencier simplement grâce à leur queue. Si l'animal marin observé se propulse en faisant des mouvements verticaux avec sa queue, de bas en haut donc, c'est généralement un mammifère (cela favorise ses déplacements vers le haut pour respirer). Si les mouvements vont de droite à gauche, ce sera plutôt un poisson.

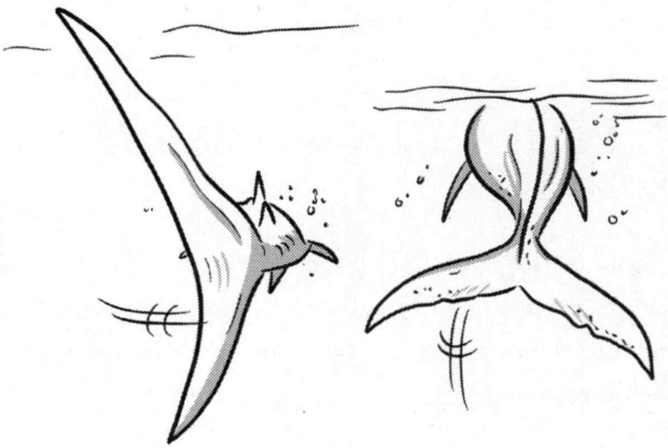

Toxeus magnus est une araignée... qui allaite !

Cas unique chez les arthropodes, les petits (80 % de femelles) de cette **araignée sauteuse** viennent téter durant une vingtaine de jours une sorte de lait, un liquide blanchâtre, directement à l'abdomen de leur mère. Composé de lipides, ce lait est également 4 fois plus riche en protéines que le lait de vache ! Il semblerait que la mère **araignée** produise ce lait en recyclant ses œufs non fécondés...

Le pigeon aussi allaite !

Oui, les **pigeons** font du lait. Ils le produisent, le mâle comme la femelle, dans leur jabot, puis le donnent à leurs petits. Ce lait sans glucides, est très riche en protéines et lipides.

Superglu

La limace triangle rouge d'Australie peut « engluer » ses ennemis aux branches !

Elle sécrète derrière elle un mucus collant et dès qu'un prédateur s'approche, comme une grenouille, il reste collé sur le tronc ou la branche... plusieurs jours !

Plus fort qu'Houdini !

Le **raton laveur**, rappellent beaucoup de zoologistes, est d'une intelligence peu commune. Face à 13 cadenas de différentes complexités, il peut en ouvrir 11 en quelques essais. De plus, il se rappelle la solution d'un problème donné jusqu'à 3 ans après !

LE SAVIEZ-VOUS ?

Malgré son nom, le **raton laveur** ne lave rien du tout ! En fait, il possède des terminaisons nerveuses sur ses pattes avant qui fonctionnent mieux en milieu humide. C'est pour cela qu'il trempe sa nourriture, pour mieux l'analyser avant de la manger.

Un secret millénaire révélé...

Sur certaines représentations rupestres, on remarque que le **mammouth** est dessiné avec une excroissance au niveau de l'anus. La découverte des premiers **mammouths** congelés permit enfin de l'identifier : ils avaient un « clapet anal » qui protégeait la zone du froid !

Connaissez-vous la microfaune ?

Ce sont les **tout petits animaux** inférieurs à 0,2 mm vivant dans les sols. Il existe 260 millions d'animaux en moyenne dans 1m^2 ! Un hectare de sol forestier compte plus d'organismes vivants que d'êtres humains sur Terre !

Une étude faite sur plus de 1 100 maisons réparties dans plusieurs régions, a montré qu'un véritable zoo microscopique existe dans notre lieu de vie : environ 125 000 types de bactéries et 72 300 types de champignons nous entourent en permanence !

De la symétrie !

La femelle **outarde canepetière** sait ce qu'elle veut !

Ce sont les oiseaux mâles présentant l'ornementation de plumes blanches autour du cou la plus symétrique qui ont le plus de succès ! Ceux au col asymétrique sont des seconds choix.

La symétrie joue un grand rôle dans la nature :

• les animaux de courses avec un squelette symétrique sont plus avantagés ;

• les mouches aux ailes symétriques échappent plus souvent aux oiseaux ;

• les fleurs à la symétrie parfaite sont plus pollinisées ;

• l'humain serait plus attiré par les visages symétriques.

Benjamin Button

La **méduse** ***Turritopsis nutricula*** est la seule espèce connue à être théoriquement immortelle !

Quand cette petite **méduse** de 5 mm et vivant dans les Caraïbes arrive à maturité, elle est capable de reprendre son cycle de vie en redevenant polype, puis à nouveau méduse, puis polype, etc. et cela... à l'infini ! Également nommée « méduse Benjamin Button », elle semble s'autocloner. Une partie de ses cellules se détachent d'elle, se placent sur une roche, et reforment l'organisme tel qu'il était à la première étape de développement de la **méduse**.

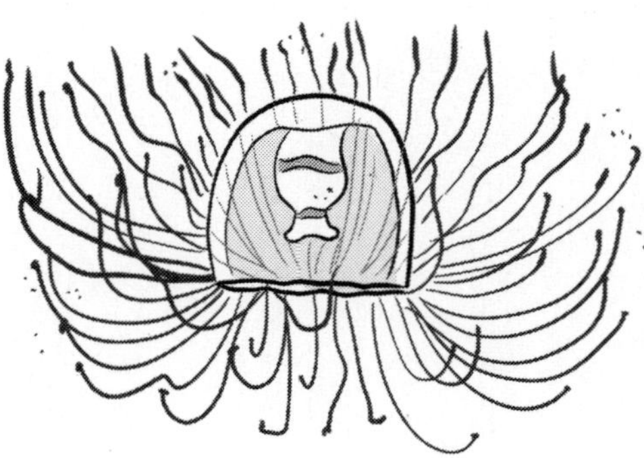

INDEX

Retrouvez des milliers d'infos fascinantes
et illustrées sur :

https://twitter.com/tuCpakoa

https://www.instagram.com/tucpakoa/

https://www.facebook.com/Tucpakoa/

Chaîne YouTube : TuCpakoa

Achevé d'imprimer en mars 2021
par Normndie Roto Impression s.a.s.
Dépôt légal : avril 2021
ISBN : 9782380152258
N° d'impression : 2101228
Imprimé en France